浙江音乐学院出版资助成果（编号：2021KC018）

从白带到黑带

——空手道运动晋级之路

马俊成 著

人民体育出版社

图书在版编目（CIP）数据

从白带到黑带：空手道运动晋级之路 / 马俊成著
. -- 北京：人民体育出版社，2022
ISBN 978-7-5009-6180-2

Ⅰ.①从… Ⅱ.①马… Ⅲ.①空手道—基本知识
Ⅳ.①G886.5

中国版本图书馆CIP数据核字(2022)第097860号

*

人民体育出版社出版发行
北京新华印刷有限公司印刷
新 华 书 店 经 销

*

787×1092　16开本　　17.75印张　　348千字
2022年11月第1版　2022年11月第1次印刷
印数：1—4,000册

*

ISBN 978-7-5009-6180-2
定价：55.00元

社址：北京市东城区体育馆路8号（天坛公园东门）
电话：67151482（发行部）　　邮编：100061
传真：67151483　　　　　　 邮购：67118491
网址：www.psphpress.com
（购买本社图书，如遇有缺损页可与邮购部联系）

前 言

空手道是起源于中国、萌芽于琉球、成型于日本并流行于全世界的武道项目。它巧妙地运用踢、打、摔、拿、投、锁、绞等多种技法,通过不断的刻苦锻炼和努力实践,可以强健身体、完善人格、健全精神。空手道是一种集智慧、勇气、胆量和实力为一身的武道项目,它经过漫长的历史发展,在当今已经形成各种流派和风格迥异的技术特点,它追求"一击必杀"的实战效果并树立习礼修身的精神目标,强调"君子之拳"和"心、技、体"的内外合一。空手道是世界上最受欢迎的格斗类武道项目之一,截至2020年,世界空手道联盟成立50周年之际,会员已达202个,全球空手道练习者已超过1亿人。

从1372年琉球与中国建立藩属关系起,到闽人三十六姓定居琉球,经过多次的朝贡与册封,留学生来中国留学,中国的武官、商人、民间艺人去琉球等方式将中国武术经海上丝绸之路传向琉球。中国武术从武术到唐手、从唐手到空手道,再从空手道到空手道运动,经历了600多年的历史演变与发展。尽管空手道由之前的"唐手""中国拳法""少林流拳法"等诸多称谓更改为现今的"空手道"名称,但空手道的思想基因、文化基因、技术基因来源于中国文化的事实没有改变,因此,至今还有不少地区或流派仍使用旧称。

20世纪七八十年代,空手道重新回到中国,开始了民间不自觉的发展时代。1999年,上海市最早成立了地区级空手道管理组织——上海市武术协会空手道委员会,标志着空手道引起了官方的注意,但并没有达到重视的地步。直到2010年广州亚运会确定在中国举办之际,中国为了参加空手道项目的比赛,于2006年由国家体育总局正式发文引进空手道项目,开启了政府引领的发展开端。2007年,中国空手道国家队正式成立,使中国空手道事业迈向专业化的道路。2008年，中国空手道协会的成立让一些空手道俱乐部有了组织，开启了民间空手道事业有序发展的开端，之后在制度、赛事及教练员裁判员培养、晋升，学员晋级方面有了依托。2009年，中国首次承办第九届亚洲空手道锦标赛，中国空手道国家队队员李红、吴秋凤、冯兰兰获得3枚金牌。2010年，国家体育总局发文把空手道设为我国正式开展的体育运动项目，肯定了中国空手道发展的成绩，同时也更加坚定地推动空手道在中国的发展。2010年，中国空手道国家队队员李红获得第二十届世界空手道锦标赛冠军，实现了中国队在世锦赛上金牌零的突破，让中国空手道在世界上达到高水平的层次。尤其在2020年东京奥运会空手道比赛中，中国空手道选手首次参加便获得一银一铜的优异成绩，更是中国空手道十余年来不断努力发展的结晶。

空手道在我国青少年中非常受欢迎，尽管中国空手道在官方引领下至今发展了15年有余，空手道的级段位制度也实行了近12年之久，但至今国内还没有任何关于空手道从白带到黑带的晋级考试参考用书。鉴于笔者从事了15年有余的空手道教学、训练和科研，希望撰写一部空手道晋级考试相关研究的著作并付梓出版。为使业内空手道爱好者和练习者能够更好地了解空手道的历史渊源、发展以及不断提高空手道技术，掌握锻炼方法和手段，增强体适能，并通过有效的组织实施开展空手道活动，笔者撰写了《从白带到黑带——空手道运动晋级之路》一书。

本书从空手道的历史渊源与演变入手，回顾了空手道在中国的发展历程，根据空手道级段位晋级考试内容与要求，详细地介绍了空手道礼仪，基本手型、足型，基本手技，基本足技等基本功，选择了初级型五套、中级型两套、高级型两套作为升级考试可选的型。同时，笔者还选择了空手道组手的拳法、腿法、组合技术以及摔法作为组手对打的基本技术，进行了详细的讲解和示范。除此之外，笔者还探索了空手道型和组手的基本训练方法，以期为学校空手道老师、道馆教练及空手道爱好者学习和锻炼提供指导与服务。

在本书的撰写与出版过程中，得到了浙江音乐学院和人民体育出版社的大力支持，浙江大学博士生导师林小美教授、浙江音乐学院肖丽琴教授为本书的撰写给予了建设性指导，浙江省空手道协会和杭州西子堂空手道馆为完成书稿的视频、照片拍摄提供了热情帮助，杭州文海实验学校学生马兮子涵完成了初级型的照片示范，在此一并致以深切谢意。本书是浙江音乐学院专著资助项目（编号2021KC018)的研究成果，2020年度浙江省省级线下一流本科课程《大学体育—武术（空手道）选项课》（编号867）建设阶段性成果。

  鉴于笔者水平有限，书中不妥之处，敬请读者指正。

马俊成

2021年10月

目 录

第一章　空手道的历史渊源与演变 …………………………………………（ 1 ）

　　第一节　空手道释义 ……………………………………………………（ 2 ）
　　第二节　空手道的历史渊源 ……………………………………………（ 12 ）
　　第三节　空手道的发展与演变 …………………………………………（ 26 ）
　　第四节　空手道重大国际赛事简介 ……………………………………（ 31 ）

第二章　空手道在中国的发展历程 ……………………………………………（ 35 ）

　　第一节　民间无序发展时代 ……………………………………………（ 35 ）
　　第二节　官方有序引领时代 ……………………………………………（ 37 ）

第三章　空手道级段位晋级考试内容与要求 …………………………………（ 53 ）

　　第一节　中国空手道级段位概况 ………………………………………（ 53 ）
　　第二节　晋级考核内容与要求 …………………………………………（ 57 ）
　　第三节　晋段考核内容及要求 …………………………………………（ 66 ）

第四章　空手道基本技术 ………………………………………………………（ 71 ）

　　第一节　空手道着装与礼节 ……………………………………………（ 71 ）
　　第二节　基本手型、足型 ………………………………………………（ 76 ）
　　第三节　基本站立 ………………………………………………………（ 83 ）
　　第四节　基本手技 ………………………………………………………（ 87 ）
　　第五节　基本足技 ………………………………………………………（ 95 ）

第五章　空手道的型 ……………………………………………………………（103）

　　第一节　初级型 …………………………………………………………（103）
　　第二节　中级型 …………………………………………………………（152）

第三节　高级型 ·· （170）
　　第四节　型的技术训练方法 ·· （200）

第六章　空手道的组手 ·· （203）
　　第一节　组手基本技术 ·· （203）
　　第二节　组手基本组合技术 ·· （213）
　　第三节　组手常用摔法 ·· （225）
　　第四节　组手的技术训练方法 ·· （229）

第七章　空手道比赛规则简介 ·· （233）
　　第一节　组手比赛规则 ·· （233）
　　第二节　型比赛规则 ·· （242）
　　第三节　口令、手势与旗语 ·· （247）

后记 ·· （265）

参考文献 ·· （269）

第一章　空手道的历史渊源与演变

空手道是起源于中国、萌芽于琉球、成型于日本并流行于全世界的武道项目。它巧妙地运用踢、打、摔、拿、投、锁、绞等多种技法，通过不断的刻苦锻炼和努力实践，强健身体，完善健全的人格与精神，从而为人类社会的正义、和平与发展做出积极贡献。空手道是一种集智慧、勇气、胆量和实力为一身的武道项目，它经过漫长的历史发展，在当今已经形成各种流派和风格迥异的技术特点，它追求"一击必杀"的实战效果并树立习礼修身的精神目标，强调"君子之拳"和"心、技、体"的内外合一。空手道具有让习武者终身追求的内在和外在元素，才使全世界不同种族在不同文化体系背景下得以发展和普及。据世界空手道联盟官网显示，截至2020年，世界空手道联盟成立50周年之际，会员已达202个，全球空手道练习者已超过1亿人。早在1994年，空手道被列为亚运会正式比赛项目，2016年8月4日又被列为2020年东京奥运会比赛项目。2017年，中国将空手道列为全运会正式比赛项目，2018年又列为青运会比赛项目。之后，全国各地纷纷把空手道列为地方各种运动会的比赛项目。中国空手道国家队经过四年的积极备战，派出的两名选手在东京奥运会空手道比赛中取得优异成绩，共获得一枚银牌和一枚铜牌。空手道在中国发展非常迅速，但由于历史原因和一些媒体误导，很多民众对空手道的历史文化知识缺乏正确的认识，认为空手道是日本的武道项目。空手道实则起源于中国，是中国武术的再发展，是中国武术的子系统。

空手道被世界上诸多的练习者和爱好者公认为起源于中国武术。空手道起源于中国，有哪些让人信服的依据呢？它又是如何演变的呢？

第一节 空手道释义

一、空手道的命名

KARATEDO是根据日语音译而来,汉字写为"空手道",KARA意为"空",TE意为"手",DO意为"道"。空手道亦称空手,它是起源于中国、萌芽于琉球王国(今琉球群岛)、完善于日本、流行于全世界的站立式格斗术。空手道以中国武术技术和文化要素为主要内容,融入琉球"手",因此被称为"唐手""中国拳法"等。空手道不使用任何器械,主要以空手和赤足进行搏击格斗,它把练习者的身体磨炼成有效的武器,使用身体的任何部位,伺机对敌人的攻防进行有效的防御和还击。空手道运动巧妙地运用拳、脚探究胜负的原理,进而达到超越胜负的境地,它通过技术修炼磨炼精神,强健体魄,提升格斗能力,是"心、技、体"三位一体的禅道。

为了消除空手道来自中国的事实及中国文化的影响,日本人参照佛教意境,取谐音而成空手道。在日文里,空和唐同音,同时空又是佛教里内涵丰富的一个字,因此,1936年,经船越义珍大师提议,日本正式把唐手更名为空手道。但在琉球群岛及日本一些传统武术大师的流派传承上,仍然保留着"唐手""中国拳法""中国少林流拳法""琉球拳法"等名称。

二、琉球"手"

由于"唐手"与中国的关系,其在琉球不同的地方发展并传承,之后形成了四套基本技法体系——首里手、那霸手、泊手以及御殿手,其中"首里手"与"那霸手"后来进一步发展成为传统空手道中的"四大流派"及其他众多流派。

(一)首里手

首里是首里王城,琉球王国的王城。首里手是由居住在首里的土族人继承和发展起来的一种拳术。首里手非常重视柔韧性和敏捷性。它是首里王城贵族之间继承和发展的各种武术流派的总称。首里手发展于琉球王国第二任尚氏王朝时期,后经发展形成了松涛馆流、和道流、糸东流、小林流、本部流、松林流、少林流、少林寺流等流派。首里手类似于中国北派拳法，主要是首里来中国的留学生学习中国北派拳法后带回的，亦有部分中国移民在首里传播的武术，公相君在琉球传播的武术极有可能是首里手武术的重要组成部分（图1-1）。

图1-1　首里之印

（二）那霸手

那霸手是流行于那霸港口一带的拳法，它是由居住在贸易港那霸的平民继承和发展起来的一种拳术。那霸手非常重视筋骨的强健和力量，后来经发展形成了糸东流、刚柔流、东恩流、刘卫流等流派。那霸手类似于中国南派拳法，主要是中国福建移民"闽人三十六姓"等定居琉球及琉球进入中国南方的勤学生在学习福建、浙江、广东一带拳法后带回而形成的。

（三）泊手

由居住在泊村（现那霸市）的人们学习外来文化而发展起来的拳术，风格特点近似于首里手。

（四）御殿手

御殿手主要是琉球王国贵族内部及宫廷护卫人员练习及防护的一种格斗术。王室的姓为本部，因此，御殿手又称为本部御殿手，御殿意为保护王宫。练习御殿手的除了王宫内部人员外，还有王室的亲信大臣及其子孙后代，以及保护王宫的御林军内部人员。琉球王国灭亡后，御殿手也相继传入民间。御殿手目前主要流行于冲绳的古武道项目以及本部流空手道流派中。

三、空手道的主要类型

从1372年琉球与中国建立藩属关系起，到闽人三十六姓定居琉球，经过多次的朝贡与册封，留学生来中国留学，中国的武官、商人、民间艺人去琉球等方式，将中国武术经海上丝绸之路传向琉球。中国武术从武术到唐手、从唐手到空手道、从空手道到空手道运动，经历了600多年的历史演变与发展。因各种追求目标、文化理念和发展观点不同，空手道运动已从多类型的"唐手"发展成为多类型的"空手道"。这600多年的发展，形成了传统空手道、全接触空手道、硬式空手道、格斗空手道、体育空手道5个类型。

（一）传统空手道

传统空手道是指那些有别于接触型空手道或综合格斗型空手道的组织团体，并非特指某一种流派。传统空手道是相对于现代空手道或竞技空手道而言的，就像中国的传统武术一样，它通常保持了拳法的原来面貌，没有进行多大的技术或文化上的变更。在日本，一般多指加入全日本空手道联盟的团体和流派。传统空手道一般有以下几个特点：

①重视礼节和育人哲学，重视文化传统；
②重视"基本功"和"型"的练习；
③在练习方式上多采用传统的教学方法和训练手段，重视功力练习；
④倡导以护身为主、竞技为辅的技术体系，不提倡过度竞技化；
⑤设置了全面考核练习者综合能力的级位、段位制；
⑥重视师承和文化礼节教育。

（二）全接触空手道

全接触空手道又称为极真空手道，以极真会馆为代表，创始人是大山倍达（1923—1994）。大山倍达出生于日本殖民地时期的朝鲜半岛，本名崔永宜，幼年时在中国东北和朝鲜半岛长大，据说在中国东北时曾跟随武师李相志学习中国拳法。1938年9月，师从船越义珍学习松涛馆流空手道，之后又跟随刚柔流的曹宁柱学习刚柔流空手道技术。1946年进入早稻田大学高等师范部体育专修就读，当年10月，因看不惯美国大兵在东京街头调戏妇女而一拳将其击倒。惹祸后，为躲避美国宪兵追捕，只得退学躲到宫本武藏隐居悟剑的地方开始隐居修炼。数月后的1947年，大山倍达去琉球参加了在京都举办的战后第一届空手道锦标赛并获得冠军。当时举办的是传统空手道比赛，只要获得漂亮的一本（获得一分）就可以获胜，比赛不可以将对手击倒，在大山倍达看来这样的比赛并没能发挥空手道的实战能力，因此为了提高实战格斗能力，他于1948年又进行了一次长达18个月的隐居苦练。1952年前往美国，与当时美国的职业摔跤手、拳击手进行了各种比赛。回国后，进行徒手打倒牛的表演，其中击倒47头（有4头当场死亡）。1953年，大山倍达在东京创立了他的第一个武馆，之后他研究世界各种格斗术并与许多武道家进行切磋交流，创造了以实战格斗著称的极真空手道。1964年归化为日本籍后改名为大山倍达，同年成立国际空手道联盟极真会馆。1969年起，每年举办日本空手道大赛及每四年举办世界空手道大赛。极真会馆通过30多年的努力，在全球100多个国家开设了分部，成为世界上最大的武术组织之一。1994年大山倍达因肺癌去世，享年71岁。

极真空手道是世界上流传最广的空手道流派之一，也是空手道流派中最具实战性的，被称为"史上最强空手道"。极真空手道的技术来源于松涛馆流和刚柔流，由传统空手道演变而来，因比较注重实战，以"拳拳到肉"的接触性对打的运动形式，有别于传统空手道和体育空手道的"寸止原则"。其型的演练主要以静心和尽力练习为主，比赛为辅，主要有太极1-3、足太极1-3、平安系列型和击碎大、击碎小、三战、转掌、突击之型、碎破、征远镇、卧龙、十八、观空、五十四步等。极真空手道在格斗上非常注重拳拳到肉的接触式实战，采用无护具或少护具、直接击打的比赛模式。以成人为例，不戴护具、不戴拳套、不分体重级别，除了手技术不打头（面部）、禁止攻击裆部以及摔法外，其他任何站立式格斗技术均可使用。获胜方式主要有判定胜、击倒胜、对手犯规胜以及对手失格胜等。全接触空手道广义上也包含穿戴护具而直接击打的硬式空手道和格斗空手道。人们一般多把极真会馆模式的空手道统称为实战空手道。极真会馆及其演变出来的旁系多不以流派相称，而用"会派"或大组织结盟的"团体"名称，这也是有别于传统空手道的地方之一。

极真会馆的出现，是空手道竞技的一种革命，使得后来全接触式空手道组织林立（虽然大部分都是从极真会馆分裂出来的），也让空手道的高度打击力成了一种具有号召力的招牌。全接触式空手道的直接击打方式（除拳头不能直接击打头部、脚不可踢裆外，可对身体任何部位进行无保留的重量型击打），充分展现了空手道"一击必杀"的效果，但被人们称为"互殴式"对打的发展模式也让许多空手道人士认为全接触空手道只是单纯暴力，缺乏格斗的战术思维，不具备武道精神。

（三）硬式空手道

"硬式"是对比被称为"软派"的寸止型空手道而命名的，由护具型空手道主流组织练武会分离出来的练武馆为主导，是头部和胸部穿戴护具而进行直接击打型的空手道种类之一，属护具型空手道范畴。硬式空手道的特点是：采用"先击""互击""后技"以及"连续技"等技术，在裁判喊停前进行有效击打均可以得分的打点加分模式。此点与其他护具型空手道有很大区别。

（四）格斗空手道

格斗空手道指的是"大道塾"空手道。由极真会馆第9届全日本空手道锦标赛冠军获得者东孝在1981年创立。"大道塾"虽然继承于极真会馆，但是和极真会馆不同的是，大道塾空手道几乎不练传统空手道的技术，而是直接将拳击、泰拳、跆拳道、柔道、柔术等技术纳为己用，因此又被称为"着衣格斗技"。2001年大道塾改名为"大道塾空道"。

为了和其他空手道相区别，比赛时，两方穿着一青一白道服，戴着塑钢头盔以及小型拳套进行全接触竞赛，比赛采用击倒制。格斗空手道和综合格斗技不同的是，对于躺下的对手，打击仅能用点到为止的方式。在无限量级的比赛中，若两方体格差距太大，还可穿戴护裆进行下阴攻击。

（五）体育空手道

体育空手道是一项以体育竞赛形式为基础，以全民健身发展为目标，以世界空手道联盟（World Karate Federation，WKF）为主导组织的国际性单项格斗类体育运动项目。体育空手道的技术体系以传统空手道中四大流派技术为基础，在继承传统空手道比赛的基础上，经过不断的规则修改和完善，将空手道运动发展成高技术性、高控制性、高艺术性的武道类体育竞赛项目。因此，有人用"格斗的艺术，智者的游戏"来形容体育空手道的项目特色。世界空手道联盟自1970年开展活动以来，在继承了传统空手道比赛模式的基础上，经过不断的规则修改，在多元化、多样化的竞技模式推广下，已将空手道项目完全体育化、竞技化。

体育空手道的理念与追求目标是"让更多的人喜欢上空手道，让空手道走进奥运"。体育空手道分为组手（对抗）和型（套路）两部分内容。对抗的攻击主要以得分多少定输赢。任何有效部位攻击头部时均需进行力量控制，即"寸止"原则，类似武术交流的"点到为止"，但实际意义是"打到为止"，即要体现出打的力量和速度、打的技术和精神。躯干部位的攻击虽然需要一定的控制，但也需要一定的力度，需要展现一定的击打效果。同时空手道比赛中还有一些禁击部位和禁止技术。型的比赛主要是传统的空手道徒手套路，通过分组比赛，以打分排名逐级淘汰并最终到决赛决定胜负。个人型比赛中选手之间没有任何身体接触，而团体型也只有奖牌赛中需要对型的内容进行攻防格斗意义的分解时才有身体接触，但演示攻防动作接触时不得造成伤害。因此，可以说体育空手道是一项非常具有安全性的武道项目，这在所有格斗项目中是非常特殊且独树一帜的。

1. 体育空手道的诞生

1964年10月，日本当时最具影响力的四大流派（松涛馆流、刚柔流、糸东流、和道流）的代表性团体组织，在日本东京正式结盟，成立全日本空手道联盟。之后有组织、有计划地向世界各地进行了空手道技术与文化的传播，受到欧洲和美洲的积极响应和热捧。1970年，首届世界空手道锦标赛在日本东京举办，并成立了空手道的世界性组织"世界空手道联合会"（WUKO），从此奠定了体育空手道发展的基石。

WKF的竞技化空手道比赛，尽管让许多保守人士认为会毁了传统空手道的风格，但是WKF的模式却让空手道运动在欧美大为盛行，推广事半功倍。一方面，竞技空手道的发展模式能够保证人的安全性而不至于受伤；另一方面，竞技比赛的观赏性让更多的人感受到空手道的体育魅力，大大地发掘了空手道的体育价值。随着空手道进入东京奥运会，空手道项目越来越受到广大人民喜爱。

2. 体育空手道的特色

（1）安全第一、打到为止

体育空手道中的对抗性项目"组手"，经过五十余年的发展，在规则上不断完善。其寸止原则要求选手在比赛击打时必须做到技术的可控，以最大程度地保护运动员的安全，为该项目进入校园和社会，进行普及和推广工作立下了汗马功劳。体育空手道"打到为止"的理念来源于武术"点到为止"的切磋要求，寸止原则也是竞技空手道最显著的特点，这在所有对抗性格斗运动项目中独树一帜、别具一格。

（2）以快制慢、以巧胜拙

通过比较多数惯用力量来抗衡的对抗性格斗项目，发现体育空手道更多地具备以快胜慢与以巧胜拙的特点，充分体现了手脚并用、摔法犀利的运动特性和灵活多变的技术特色。

（3）博弈之道、充满悬念

由于空手道组手比赛主要采用打点得分制，比赛运动员的智慧、心理、技术和战术在规定的时间内，在瞬息万变的比赛中要合理充分发挥出来，偶尔一个失误常常会使比赛充满戏剧性的变化。精彩绝伦的对打场面配合扑朔迷离的结果，使比赛充满未知的期盼感和刺激感。

（4）武道精神、艺术展现

体育空手道中，无论是组手还是型，都是一种身体文化符号的轨迹性运转。在比赛或训练中所展示的力量、速度、精彩的攻防转换、潇洒飘逸的动作，更让人感受到一种特殊的运动魅力和文化魅力；理智、平静的心态，聪明、清晰的思维，高超、精湛的技法，尚礼、崇德的行为，让观赏者和参与者同时享受到这种武道技艺演练和格斗的艺术，领略人类在格斗运动上不断探索、创新和追求的博弈境界。

（5）五洲同练、亿人受益

体育空手道是具有高竞技性、高控制性、高艺术性的武道项目。空手道已遍布世界五大洲，截至2020年世界空手道联盟成立五十周年之际，全球已发展会员达202个，全球训练者近1亿人。而且无论老少、无论健康与否、无论健全与残疾，都可以通过训练锻炼心、技、体的有机统一。

四、琉球唐手主要代表性人物

（一）佐久川宽贺（1786—1867）

佐久川宽贺是唐手和古武道武术家，琉球王国国学教师，行政官。出生于首里岛小堀村，早期在琉球王府的国学院学习儒学，同时跟随高原亲云上学习格斗术，之后作为留学生被派到中国北京学习中国文化。因唐手出众，被称为"唐手佐久川"，以其名字命名的武术套路有"佐久川棍"。佐久川宽贺跟随琉球进贡使团来中国朝贡，在航海途中，遭遇海贼袭击，在跟海贼打斗中落入海中险些丧命，经过进贡使团的顽强抵抗，最终战胜了海贼，但也损失惨重。进贡使团到达北京后，朝廷听闻此事，允许一些人员滞留在京城休养生息，此时宽贺以留学生的身份接触了一位中国武官，并跟其学习中国武术。通过认真学习，不仅习得了中国北派外家拳的技法，还学会了内家拳独特的呼吸及吐纳法。宽贺跟随进贡使团前后五次来到北京，1837年客死北京，葬在北京郊外外蛮墓地。后来他的徒弟松村宗棍来北京时才把宽贺遗骨带回琉球。据传，还有一种说法，他为了琉球王国的公事来到北京，生病去世后被葬在北京郊外的琉球人墓园。1942年，佐久川宽贺的后人专程前往北京，在外国人墓群中找到了他的墓碑。但一些直系后代否定了这种说法，根据他们保存的琉球当地人去世三年后洗骨的日期记录，推断出宽贺死于1867年，享年81岁。佐久川宽贺对琉球后世的影响非常大，他带回琉球的拳法逐渐传承发展，成为首里手的主要技法来源，他也是松村宗棍最重要的武术老师。

（二）松村宗棍（1806—1899）

松村宗棍（又名"武长"），唐名武成达。他从小跟随久米村的中国人后裔学习儒学和武功，修得"文武两道"，17岁时就已经在武术界崭露头角。他曾在九州岛琉球馆任职，擅长"示现流"柔术，并获得该流派最高段位"云辉四段"。1836年，松村宗棍30岁时第一次随册封使团来中国进贡时进入北京，在京滞留期间学习过岳飞拳（岳家拳），回国后在王府担任国王尚灏的侍卫官，接着又担任尚育王和尚泰王的贴身侍卫。松村宗棍将自己的武术创编成独立的拳法形式，其拳法主要特点是动作迅速敏捷，弓马架子大，步法灵活，类似于中国北派拳术。他非常注重实战格斗，参加过多次战斗并被誉为"武士松村"。后来，其传承的流派被称为"昭林流""小林流"等。松村宗棍在"首里"与"泊"两地传授武术，并渐渐形成了"首里手"与"泊手"。松村宗棍的学生很多，其中"首里手"最得力的传人是糸洲安恒（1831—1915），"泊手"最得力传人为本部朝基（1870—1942）。松村宗棍留有"宗棍遗稿"，笔墨之间反映了宗棍深厚的中国文化素养，体现了他对武艺的理解，非常具有哲理性（图1-2）。

图1-2　松村宗棍

（三）糸洲安恒（1831—1915）

糸洲安恒1831年在首里义保出生。早年因体弱多病，喜爱武功的他，在15岁那年拜师于松村宗棍开始学习首里手。通过刻苦训练，他的武功增长很快，击打卷藁时可以将其崩碎。据说在一次斗牛大会上，突然闯入一头像是发了疯一样的猛牛，糸洲安恒右手一记正拳打使猛牛停了下来，接着糸洲安恒两手抓住牛角把猛牛重重摔在地上动弹不得，可见其功夫了得。另外，糸洲安恒文字功底强，青年时曾考取功名，担任王府书记官。1879年3月31日，琉球王国灭亡，琉球废藩置县为冲绳县。冲绳新政府任命糸洲安恒为本县教育科书记。糸洲安恒酷爱拳术，又在政府中分管教育，于是就策划将唐手纳入学校体育课中。

1885年，糸洲安恒退休，两年后开始开设道场教授"唐手"，船越义珍、摩文仁贤和等都是他门下的学生。1901年4月，为了更好地普及唐手，糸洲安恒根据公相君型等首里手型，按照中国拳法的原理创编了五套名为"平安型"（分别是平安初段、平安二段、平安三段、平安四段和平安五段）的拳法，并在部分学校试行教习。他以"平安"二字来命名新编的五套型，一方面体现了学会这些型和用法并付诸实践可以保证自己"平安"，即在防身自卫的层面体现了唐手的价值；另一方面，也代表了和平与安居乐业的思想。同时，他将内步近（松涛馆流称为铁骑）在之前的基础上增加了二段和三段，丰富了其内容并进行推广。1902年，鹿儿岛县视学官小川银之助到冲绳视察学校教育，同时也考察糸洲安恒的唐手试验情况，回去之后向日本文部省（即教育部）作了报告，认为"唐手"可以作为学校体育课教学内容。1904年，文部省批准将"唐手"正式作为冲绳县师范学校体育补充教材，唐手得到日本官方的初步认可。首里城很多家庭的孩子都拜糸洲安恒为师习练唐手，从而造就了唐手的普及与发展。据说也有很多女孩子练习唐手，糸洲安恒的妻子就是其中一位。她因自己武功高强，因此也设定了只嫁比自己强的人的目标。她跟糸洲安恒比武输了，后来就嫁给了糸洲安恒。1908年10月，糸洲安恒完成了《糸洲十训》的草稿。1915年，糸洲安恒结束了自己武人的伟大生涯，《琉球新报》于8月15—28日报导了8次糸洲安恒的生平事迹。糸洲安恒是松村宗棍最伟大的弟子，在唐手的传播与发展上作出了重要的贡献，因此被称为"拳圣"（图1-3）。

图1-3　糸洲安恒

（四）本部朝基（1870—1944）

本部朝基是琉球王国大臣本部家的后代，他从小在家接受唐手启蒙，12岁时拜唐手大师糸洲安恒为师。他和哥哥本部朝勇一起学习，经常把糸洲安恒请到家里教授。他们经常练习一套名为内步进的型，该型动作不多，但有攻有防，非常锻炼人的下盘力量和稳定性。除了糸洲安恒外，本部朝基还受到松村宗棍、亲泊兴宽和德岭亲云上的指导。17岁时经常到那霸的欢乐街跟人比试，他多以拳脚快速有力的击打获胜，因此当地人给他取了个绰号——"本部猿人"。经过多年的训练和实战，本部朝基成为一名实战派唐手家，在琉球唐手家中被称为"战前最强"唐手家，据传一生中参加过100余次实战对打从无败绩，被称为"拳豪"。1922年，在中国台湾跟随一位隐居的僧人安南学了名为"安南"的型。同年，52岁的本部朝基来到关西的一家纺织工厂当看门人。休息时，在京都遇到俄罗斯拳击手摆的擂台，于是上台挑战。经过两回合的较量，本部朝基将对手击倒在地，获得全胜。琉球唐手与本部朝基由此名声大噪，许多人想跟他学习唐手。以此为契机，本部朝基在大阪开设了"唐手术普及会"，同时还向一些学校、警署展示唐手的使用技法。1926年，经小茜康裕介绍，本部朝基与大冢博纪成为好友，之后在大学成立了唐手班，由本部朝基任指导。1934年，本部朝基在东京开设"大道馆"道场，将自己的流派称为"日本传兵法本部拳法"，可能为了更好地在日本本土发展，为了维持生计，当时他的学生习惯称为"本部流唐手"。由于本部朝基琉球方言太重，几乎无法跟东京人交流，上课都需要翻译，再加上本部过于强调实战，时常以学生为靶子，因此，道馆并没有得到很好的发展。

本部朝基除了唐手技术实战能力强外，还善于研究、总结，于1926、1932年分别出版了《冲绳拳法唐手术（组手篇）》《我的唐手术》两本书。通过图书展示唐手的实战技法，鼓励学生要有长久的计划，要不断坚持才能达到效果。

1941年，由于太平洋战争爆发，本部朝基关掉道馆，回到琉球，晚年在家仍不断教授唐手（图1-4）。

图1-4　本部朝基

（五）东恩纳宽量（1853—1915）

东恩纳宽量1853年在那霸西村出生，少年时跟随久米村人新垣世璋学习唐手。22岁时（1875），从琉球经水路到中国福建，寻访到鹤拳宗师"如如哥"谢宗祥，拜其为师，专门学习鸣鹤拳，苦练13年（一说3年）。1888年，返回那霸后的第二年五月，东恩纳宽量开设了琉球第一个唐手武馆，以他在福建学习的鹤拳为主要内容传授琉球人拳法。后来，结合之前所学，创立了雄劲有力、步型稳健、动作刚烈的拳法，取名"那霸手"，也称"昭灵流"，动作风格非常类似于中国南拳。跟东恩纳宽量习武的人很多，后来的空手道糸东流流祖摩文仁贤和刚柔流流祖宫城长顺等就是其得意门生。因其对唐手的贡献，其亦被称为刚柔流鼻祖（图1-5）。

图1-5　东恩纳宽量

（六）上地完文（1877—1948）

图1-6　上地完文

上地完文，1877年出生于琉球藩本部间切伊豆味村的一个士族家庭，据说祖上是武士，村子武风浓厚。为了逃避日本兵役，于1896年只身来到福建福州，巧遇虎形拳名家周子和，遂拜其为师（一说跟随中国虎拳大师郑仙纪学习虎桩拳）。上地完文亦工亦学，通过刻苦学习拳法和医术，深得周子和真传，武艺大增。1906年，在师父周子和的帮助下，上地完文在福州开设武馆，以传授武艺为生，后来由于徒弟因水田灌溉争夺水源产生争执，在打架斗殴过程中过失杀人，不得已于1909年离开中国，返回琉球。回琉球后，先是寄居在拳友茶商吴贤贵家中，之后隐居，过着农耕生活，同时也在反思自己弟子杀人事件。1926年，在其居住的和歌山县和歌山市进行私人武术指导，1932年开始开馆招生，同年在"八重山"开设道场传授武术。1940年以"上地流"命名自己的武馆——上地流空手术研究所（图1-6）。

第二节　空手道的历史渊源

关于空手道的起源，诸多文献资料认为空手道起源于中国。明朝时，中琉建立藩属关系，是空手道形成的基础；册封使团、遣唐使（进贡使团）、琉球留学生、琉球来中国的商人及民间来中国的人员、中国去琉球的商人及避难人员等，是武术传向琉球的主要途径；东渡日本的艺人、僧人等为唐手内容的完善提供了丰富的元素。琉球被日本吞并后采取的去中国化的政治文化运动，是唐手更名为空手并最终改名为空手道的催化剂。尽管空手道由之前的"唐手""中国拳法""少林寺流拳法"等诸多称谓更改为现今的"空手道"名称，但空手道的思想基因、文化基因、技术基因来源于中国文化的事实没有改变，至今还有不少地区或流派仍使用旧称。

一、琉球

说到空手道不能不说一下琉球。

（一）琉球的地理位置

琉球群岛位于亚洲大陆东面的大海上，与中国、朝鲜、日本和东南亚各国隔海相望，自西南向东北呈向外突出的弧状布列，南北长亘千余里，宛如一条蜿蜒的虬龙，中国历史上曾称其为"琉虬""留求""求阳""琉球"。琉球群岛在中国台湾岛与日本九州岛之间，与中国福建省隔海相望，由从南到北共计数百座大小岛屿构成，在地理学上也被称为琉球弧。古代中国、琉球、日本的史料与图中有"琉球三十六岛"的记载，这里是泛指岛屿之多。但所有历史时期的琉球疆域都不包括钓鱼岛及其附属岛屿。明清两朝的册封使往来于福建、琉球之间时，所记载之"中外之界"是黑水沟，即现在的冲绳海槽，而琉球人随同册封使船前往琉球看见古米山时，"鼓舞于舟，喜达于家"，这些都真实地反映出当时中国和琉球对双方疆界的认知：钓鱼岛及其附属岛屿是中国固有的领土。

（二）琉球王国概述

琉球由于其历史发展的特殊性，可以分为史前琉球、古代琉球、近代琉球和战后冲绳几个阶段。这里只做简要介绍（图1-7）。

图1-7　琉球国王之印

1. 按司时代

据史料记载，至迟在12世纪，琉球群岛的居民已经从原始社会步入早期的氏族社会时代，称"按司时代"。

①天孙传说（1186年之前）。

②舜天王朝（1187—1259）。

2. 三山时代

（1）英祖王朝时期（1260—1350）

传英祖为"天孙氏"后人，惠祖嫡孙。南宋绍定二年（1229）生，长为伊祖按司。宝裕元年（1253）摄政，景定元年（1260）受义本退隐而为王，年三十二。

第三朝自英祖开始，历大成、英慈、玉城、西威等五人，共90年，于1350年（元至正十年）结束。

（2）察度王朝

14世纪，琉球本岛上三国并立，又称作"三山时代"。这三个政权，分别割据现冲绳岛的南部、中部和北部，相互争战了近一个世纪。三山时代琉球的中山国王察度（1321—1395），原为浦添按司，后受推崇自立为中山君主。其在位期间，从海外大量购入铁，制造武器和农具，使中山王国的国力日渐强盛，成为三山中最强大的一个国家。

1372年（洪武五年），明太祖派行人杨载出使琉球中山国，赐明朝《大统历》，并招其入贡。察度遣其弟泰期随杨载来中国向明朝称臣纳贡，这是琉球中山王向中国朝贡之始，也是琉球群岛上的政权与中国王朝建立正式关系之始。其后的1383年（洪武十六年），山南王、山北王亦相继进贡，琉球列岛上的三个国家都成为明王朝的藩属国。

察度卒后，武宁立。武宁是琉球国三山时代中山王国的第二代王，也是最后一代王。1404年，明册封使时中奉永乐帝之命至琉球，封武宁为中山王，这是琉球历史上第一位受中国册封的琉球君主。武宁在位约十年，疏忽政事，"奢侈宴游，荒于酒色"。1405年，佐敷按司巴志率军来袭。武宁战败，居城浦添被攻占，其谢罪退隐，次年病死。

3. 琉球王国

15世纪时被统一为琉球国，史称琉球王国，直到19世纪70年代被并入日本。琉球王国自古以来与中国、日本、朝鲜及东南亚国家保持着紧密的海外贸易和文化交流。

（1）第一尚氏王朝（1406—1469）

尚思绍（1354—1421），琉球王国第一尚氏王朝初代国王，后来尚巴志统一三山为琉球国。1425年,尚巴志被明朝正式册封为中山王。1430年(明宣宗宣德五年),明朝正式承认巴志统一琉球,封其为中山王,赐姓"尚",史称"第一尚氏王朝"。1469年(成化五年),琉球发生内乱,尚德病逝,第一尚氏王朝灭亡。

(2)第二尚氏王朝(1470—1879)

尚圆是琉球国第二尚氏王朝的第一代国王,1470—1476年(成化六年至成化十二年)在位,即位前原名金丸,是琉球国德高望重的大将。

图1-8 尚真王画像(明成化十五年册封)

尚圆即王位后,立即去除先王的苛政,恢复尚巴志时代的德政,一时间政治又复为清明。之后经历了尚宣威、尚真(图1-8)、尚清、尚元、尚永、尚宁继位。1606年(万历三十四年),明神宗以夏子阳、王士祯为正副册封使至琉球国,册封尚宁为王。1609年(明万历三十七年,日本庆长十四年)3月4日,在德川家康支持下,萨摩藩借口琉球没有偿还出兵朝鲜的军费、不派遣谢恩使答谢德川家康、对岛津家多年来疏于礼节等,派战船百艘,士兵三千,开始进攻琉球。久不经战的琉球军远远不是萨摩军的对手,至4月4日,萨摩方面将尚宁软禁,琉球军队从此不敢继续反抗。至此,琉球完全陷入萨摩的控制之中,此后琉球虽然继续与明朝保持封贡关系,但是同时受制于萨摩藩的暗中控制。

之后尚丰、尚贤、尚质先后继位,此时明朝灭亡,琉球开始向清朝朝贡。

1682年(康熙二十一年),清康熙帝遣翰林院检讨汪楫、内阁中书舍人林麟焻为正副册封使至琉球国,册封尚贞为王。尚贞在位期间,曾命令蔡铎主持编写琉球国史书《中山世谱》。

1709年尚贞逝世,由于世子尚纯未及继位便英年早逝,由世子之长子继承王位,是为尚益王(1678—1712)。尚益在位三年便亡故。其即位的翌年修复了首里王城的大殿。1712年尚益病逝,其子尚敬继位。

图1-9 蔡温

尚敬（1700—1752）统治琉球时期，大胆采用一代名相蔡温（图1-9）的建议，政治、经济、文教等方面都平稳发展，琉球民生明显改善，特别是农业在蔡温等人主持之下得到长足发展，自萨摩入侵至此近150年，琉球国终于得以在战争的废城上重建，社会复为安定。

1752年，尚敬逝世，其长子尚穆（1739—1794）继位，仍以老臣蔡温为国相。1755年（乾隆二十年），清乾隆帝派遣翰林院侍读全魁、编修周煌为正副册封使至琉球国，册封尚穆为王，周煌出使回国后，整理编辑成《琉球国志略》一书。尚穆统治期间为琉球的法制建设做出了贡献。1786年，琉球历史上第一部法律《琉球科律》完成编撰并颁行于全国，使琉球国的赏罚有法可依。

1794年，尚穆逝世，其世子尚哲年仅12岁的次子尚温（1784—1802）继承王位。尚温为儒学在琉球民间的普及做出了贡献。1798年，尚温接受了国师蔡世昌的建议，下令在王宫以北开办国学和乡学，同时废止了久米村对四个官生名额的垄断，规定官生中的两名应为首里人。1802年，琉球首次向中国派遣首里城出身的官生。接着，不到三岁的尚成担任了半年的琉球国王便夭折了，为琉球尚氏诸王在位短暂之最。

1808年（嘉庆十三年），嘉庆帝派遣修撰齐鲲、给事中费锡章为正副册封使，册封尚灝为王。1828年，尚灝卧病不能上朝，由世子尚育主持国政。6年后，尚灝逝世，其世子尚育继位。尚灝时代，西欧强国已经完成工业革命，西方船只频繁出入东亚海域，叩击着古老东方封闭的国门，一场大变动正在酝酿。

尚育在位期间，财政窘迫，琉球国逐渐走向衰败。1838年（道光十八年），清朝派遣翰林院修撰林鸿年、编纂高人鉴为正副册封使，捧诏敕御书临国，袭封尚育。此时的中国和日本都开始受到西方列强打压，渐渐被迫打开国门，而生存在清日两国羽翼之下的琉球国也不可避免地受到冲击。1848年，尚育病逝，其子尚泰（1843—1901）继位，成为琉球历史上的最后一位国王，1848—1879年在位，1848年即位时年仅5岁。1866年（同治五年），尚泰被册封为王。这也是清朝最后一次册封琉球国王（图1-10）。

图1-10 琉球末代国王尚泰

1868年（清同治七年、日本明治元年），日本明治维新，策划废藩置县。1872年（清同治十一年、日本明治五年）牡丹社事件后，日本悍然宣布废除琉球国，改称琉球藩。1875年，日本强迫琉球停止向清朝朝贡，当年12月尚泰遣妹夫向德宏赴清朝请求交涉，当时中国内忧外患，无暇顾及。1879年（清光绪五年、日本明治十二年）3月30日，日本宣布废除琉球藩，置琉球为冲绳县，琉球国灭亡。

1879年4月4日，日本政府在全国范围内宣布建立冲绳县，5月27日尚泰应明治天皇之召前往东京，6月17日至东京，会见明治天皇，此后尚泰一家被软禁于东京。

1884年尚泰曾回琉球祭祖，此后再未能回到琉球，华族令颁布后，尚泰被封为侯爵。1901年，尚泰死于东京，终年59岁，葬于那霸市的琉球玉陵。

二、闽人三十六姓

闽人三十六姓是中国官方派遣或民间迁徙而归化成琉球人的那部分中国人。他们在中琉文化、政治、经济等交往中充当着非常重要的角色，也在不自觉中进行着武术的传播。

明洪武元年（1368），朱元璋建立明朝，即遣使前往海外各国，昭告天下明朝开国。洪武五年（1372），朱元璋遣杨载携诏书到琉球，促使琉球来明朝贡。其诏曰：

昔帝王之治天下，凡日月所照，无有远迩，一视同仁。故中国奠安、四夷得所，非有意于臣服之也。自元政不纲，天下兵争者十有七年。朕起布衣，开基江左，命将四征不庭，西平汉主陈友谅、东缚吴王张士诚、南平闽越、戡定巴蜀、北清幽燕、奠安华夏，复我中国之旧疆，朕为臣民推戴，即皇帝位，定有天下之号曰"大明"，建元洪武。是用遣使外夷，播告朕意，使者所至，蛮夷酋长称臣入贡。惟尔琉球在中国东南，远处海外，未及报知，兹特遣使往谕，尔其知之。

同年十二月，琉球国"中山王察度遣弟泰期等随载入朝，贡方物"。这是琉球正式入贡中国之始。

之后明洪武帝朱元璋派遣福建籍"善操舟楫者"三十六姓（户）赴琉球，帮助琉球官府打造大型船只。这些中国移民及后裔在那霸港附近建立了华人的聚集地"唐营"，又被称为"唐荣"，当地人称久米村，类似于现在国外的唐人街。这些中国移民将中国的先进文化和技术带到了琉球。

三十六可能是虚指，大致是几十人，形容人比较多。至于闽人三十六姓移居琉球的时间，主要有以下几种记载。

1."洪武二十五年"

这种说法出现在大部分古籍中,最早见于明嘉靖四十三年(1564)郑晓的《皇明四夷考》中,其曰:"(洪武)二十五年,中山王遣子侄及陪臣子弟入国学,上喜,礼遇独优,赐闽人三十六姓善操舟者,令往来朝贡。"此后,王圻的《续文献通考》、何乔远的《闽书》、茅瑞征的《皇明象胥录》、徐溥等的《明会典》、茅元仪的《武备志》、俞汝楫的《礼部志稿》、查继佐的《罪惟录》、龙文彬的《明会要》、汪楫的《中山沿革志》、徐葆光的《中山传信录》等均持此说法。

从日本方面史料来看,包括《中山世谱》《中山世鉴》《球阳》《琉球国由来记》,以及《久米村系家谱》中的《郑氏家谱》《金氏家谱》《蔡氏家谱》等在内的古籍资料都持此观点。

2."洪武二十九年"

张廷玉的《明史》卷323"琉球传"记载:"洪武二十九年……又嘉其修职勤,赐闽中舟工三十六户,以便贡使往来。"此外,王鸿绪的《明史稿》也持此观点。

3."洪武三十一年"

严从简的《殊域周咨录》卷4"琉球传"记载:"洪武三十一年……上赐王闽人之善操舟者三十六户,以使贡使、行人往来。"此外,慎懋赏的《四夷广记》持相同观点。

4."永乐年间""永乐中"

罗曰褧的《咸宾录》(东夷志卷2)中"琉球"一节记载:"永乐中……中山王遣子侄及其陪臣子弟入国学。上喜,礼遇独优,赐闽人三十六姓善操舟者,令往来朝贡。"

《久米村系家谱》之《陈氏家谱》记载:"陈氏之先闽人也,盖永乐年间迁中山,同闽人三十六姓居唐荣以备出使之选焉……"周煌在《琉球国志略》卷3中,对蔡廷会之祖蔡璟被赐迁琉球的时间也有记载:"廷会祖璟,本闽人,永乐中拨往琉球充水手。"

5."洪永年间"

《明神宗实录》卷438"万历三十五年九月己亥条"记载:"琉球国中山王尚宁以洪永间例初赐闽人三十六姓知书者授大夫、长史以为贡谢之司;习海者授通事、总管为指南之备。"

茅瑞征《皇明象胥录》一书中有关赐闽人三十六姓有两种说法，其一为洪武二十五年；其二为"洪永所赐三十六姓多闽之河口人"。周煌的《琉球国志略》卷9记载："臣按三十六姓，皆洪、永两朝所赐。"

《久米村系家谱》之《阮氏家谱》记载："初洪武永乐间，两蒙圣祖隆恩，共赐闽人三十六姓入国。"《红氏家谱》亦有记载："红氏之先闽人也，盖洪永间迁中山，同三十六姓居唐荣以备出使之选。"

6. "洪熙时"

清册封使张学礼著《中山纪略》记载："至洪熙时，悯其来往风波惊险不测，特免之，赐三十六姓人教化三十六岛。"

7. "万历年间""万历十九年""再赐""续赐"

周煌的《琉球国志略》记载："至万历中，存者止蔡、郑、梁、金、林五姓，续赐者阮、毛两姓。"《久米村系家谱》王氏之世系图记载："元祖讳立思，号萧国，原是福建漳州府龙溪县人也，于万历十九年奉圣旨始迁中山，以补三十六姓。"同书《阮氏家谱》记载："原是福建漳州府龙溪县人也，明万历十九年辛卯奉敕始至中山，蒙国王隆礼且赐宅于唐荣。"

上述多种说法，"洪武二十五年"提出的赐闽人三十六姓的时间最早，记载亦最多。上述史料提及，潘仲孙的派遣时间大约在明洪武二十三年（1390），而陈康则大约在永乐年间被派遣至琉球。所以合理的解释应该是，闽人三十六姓赐予是一个渐进和持续的过程。明朝根据中琉间海船赐予、导贡引船等需求，分批选派闽人入琉。

以上是闽人三十六姓的主要来源，但这些被赐往琉球的都是哪些人呢？

经学者研究并统计，近世，久米村计有二十五姓：第一，洪武、永乐年间由明朝赐迁的属于"三十六姓"之内的姓氏，其为蔡崇、林喜、金英、郑义才、梁篙五姓子孙后裔；第二，洪武、永乐年间迁往琉球，但迁入原因不详且不在"三十六姓"之内的姓氏，其为红英、陈康二姓子孙后裔；第三，嘉靖到万历年间为补三十六姓之缺而由中国政府重新赐迁的姓氏，其为郑肇祚、蔡崇贵、王立思、阮明、阮国、毛国鼎、陈华、杨明州八姓子孙后裔；第四，万历初年至康熙初年移入的琉球人姓氏，其为梁守德、蔡廛、林世重、周国盛、孙自昌、曾志美、程泰祚、魏士哲、林茂丰、李荣生十姓子孙后裔。

闽人三十六姓居住在久米村，形成了一个特殊的文化群体。这些人从大洋彼岸的中国带去了先进的文化和技术，极大地促进了琉球王国文明的进程，加速了琉球王国的社会文明和科学技术的进步。旅居琉球的中国人在政治、经济、航海、造船、文化习俗、儒学教育、风水、道教、诗歌、音乐等方面对琉球产生了深远的影响，对琉球人民的民族体育也有一定的促进作用，如武术、龙舟等。相传琉球古武书《武备志》就是由郑姓家族带去的，书中还有郑二伯、郑二母画像，该书与福建白鹤拳又有一定渊源，据说是白鹤拳谱。另据糸东流创始人摩文仁贤和著作所述，琉球的《武备志》是由他的恩师东恩纳宽量在中国学习武术时摘抄的武术书籍。也有部分学者认为吴贤贵也带去琉球一本手抄本，冲绳流传的主要版本极有可能是吴贤贵带过去的。

三、旅居中国的琉球人

图1-11 旅居中国的琉球人

来中国的琉球人主要有进贡使团人员、琉球留学生或勤学生、琉球商人以及海难漂流到中国的琉球人（图1-11）。明清两朝，中国与琉球进行文化交流的重要内容之一就是允许琉球派留学生到中国留学。当时琉球的留学生多在中国的最高学府南京国子监或北京国子监就读，甚至有学生进入太学就读。明朝非常优待留学生，给予提供衣食住行的待遇，甚至还会发放生活补贴。1392年（洪武二十五年）5月，琉球中山王遣其从子日孜每、阔八马及寨官子仁悦慈三人入南京就读国子监。同年12月，山南王亦遣其侄三五郎等及寨官之子麻奢里等入国学。从第一批留学生来中国留学，至1879年琉球灭亡，明朝共接收84名留学生，清朝共接收42名留学生。最后一批留学生为毛启祥、葛北庆、林世忠、林世功。这些留学生在中国学习3~5年，甚至有长达6~7年的。这些留学生学习都相当努力，回国之后大都得到重用，一般担任大夫、长史、通事等官职。除了官派留学生，琉球同时也派遣自费的留学生，这些自费留学生被称为"勤学"，他们通常在福州就读私学。勤学生在福州就读私学的时间一般是7年，他们深入民间，拜师学艺，与中国各界人士建立了深厚的友谊。他们学习的内容也非常广泛，除典章、制度、佛学、道学、儒学、医学外，还学习各种专门技术，如制糖、制陶、制漆器、种甘蔗、制茶叶、制瓷器、造纸术、制伞等，也有一部分人学习武术。

无论是官生还是勤学，琉球的留学生既有久米村的中国后裔，也有其他地方的居民，他们或去国子监就读，或在福州进行私学，也有少数人在南京、北京等地进行私学。从3年到7年的学习生涯来看，他们当中很可能会有一部分人接触并学习到中国的武术。

除留学生、勤学生来中国学习外，还有一部分人专门跟随中国的武师学习中国武术。来中国学习武术的琉球人佐久川宽贺曾经在北京学习中国北派功夫；东恩纳宽量、宫城长顺曾经跟随福州鹤拳名师谢宗祥学习福建南拳；来自琉球的上地完文在福建福州定居了13年，跟随虎拳师父周子和学习虎拳，并在福州开馆授徒。由于徒弟打架斗殴过失杀人，不得已返回琉球并创立了上地流唐手；刘卫流宗师卫克达跟随中国拳师刘龙公学习武术后，回琉球以师姓和卫姓创立刘卫流；鸣鹤拳武术家吴贤贵旅居琉球后入赘琉球一户人家，改名吉川贤贵，以半个琉球人的身份多次带琉球唐手家来中国探亲、习武、交流等。

四、对空手道有着突出贡献的中国武术家

（一）公相君

由潮平亲云上盛成口述，户部良熙记载的记事史书《大岛笔记》记载，1756年，有个瘦弱的武官携带数名弟子随册封使全魁进入琉球，被琉球人称为"公相君"（图1-12）。他作为册封使团护卫护送册封使团官员，当地人看他瘦弱，便跟他交手。实际上，公相君武功高强，他使用的是《武备志》里记载的"组合术"：只见他一手在前，一手放于心口，把许多前来挑战的人打翻在地，于是名声大震，受到琉球武术家的追捧，并邀请他传授当地人武功。因其徒弟及诸多琉球武术家仰慕其武功，于是把他传授的武功也称为"公相君"。至今空手道里仍然保留

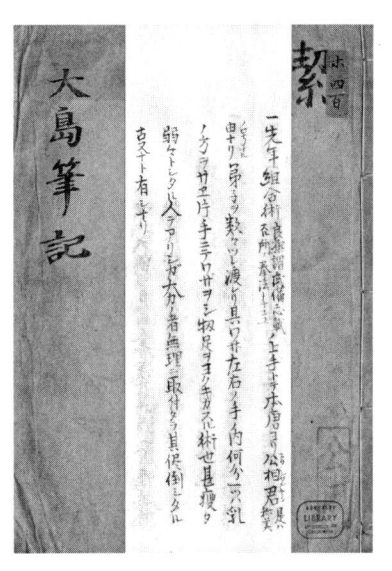

图1-12 大岛笔记中关于公相君的记载

着许多"公相君"名称的型，如公相君大、公相君小、四方公相君、北谷屋良公相君等。此外，《大岛笔记》还记载了武术、武艺、击剑、相扑等武术词汇。书

中还记载了一段在中国某教场进行击剑比试并受伤医治的场景，说明当时武术、武艺及格斗、击剑已为广大人民所熟知。

然而公相君究竟是谁呢？"公相"一词是"公卿""宰相"一类的显官，在古代也是对长官的称谓。公相君是清朝时跟随册封使全魁于1756年6月进入琉球的。由于当时航海技术不够先进，册封使团滞留在琉球的时间是非常长的。清乾隆帝派遣翰林院侍读全魁、编修周煌为正副使前往琉球国册封尚穆为王。册封使团于乾隆二十一年六月初二由南台江登船出海，没料到船队在十三日行至姑米山时（琉球西南方界上镇山）遇到飓风，导致一船触礁，一船漂回。触礁船只漏水，货物或濡湿，或损烂，或漂失，还淹死两人。最后到达那霸并于九月十五日在首里王城举行了册封大典。之后，册封使团在"候风"期，像文化宣传队一样在琉球传播中国文化，特别是医学、文学、书画、音乐，甚至饮食文化等。册封使团直到第二年三月十九日才离开琉球回国，在琉球滞留的时间长达227日。在这期间，一些随行的商人可以经商，艺人可以传播艺术，医生可以给当地人医治疾病，随行的武官也极有可能将中国武术传授给了当地人。

（二）吴贤贵（1886—1940）

吴贤贵，原籍福州，十几岁时就开始习武，得到南少林拳传人沙莲寺方七娘师太的传授，深得白鹤拳精髓。白鹤拳以鹤展势，双臂舒翅，左脚独立，右脚蓄力，伸缩自如。白鹤拳擅长以柔克刚，化硬消劲，是流传于福建、浙江一带的著名拳种。由于清末民初社会动荡，为躲避战乱，吴贤贵于1912年便去了琉球（冲绳）做茶叶生意。吴贤贵起初在那霸东街的"占春会"当帮手，1913年开始经营"永光茶行"。由于之前学习白鹤拳学有所成，为维护茶行生意以及与一些当地地痞流氓抗衡，他白天经营生意，晚上组织一批华人习练武术，经过一些场合的打斗和比试，名声大震，逐渐在那霸一带树立了一定的威望，因此一些当地唐手家也跟随他进行切磋交流。吴贤贵经常教授和演练"三战""鹤手"，并受邀参加当地演武大会进行白鹤拳的表演。吴贤贵后来在冲绳的久米定居下来，入赘当地一户人家，后跟随妻子的姓改名为吉川贤贵。当时糸洲安恒和东恩纳宽量相继去世，因此一些唐手家便成立了唐手俱乐部研讨发展唐手。唐手俱乐部不仅研讨唐手的发展，也是唐手技术交流的场所。吴贤贵由于出色的武术表现被琉球唐手家们所熟知，因此一些唐手大师邀请他参加唐手俱乐部并传授武术。摩文仁贤和与宫城长顺及吴贤贵的私交甚好，因此，宫城长顺于1936年第二次来中国时就是由吴贤贵带着来到了上海，跟随上海著名武术家赵连和、贾文彬等进行了武术交流并相互交换了一些武术手册。当今空手道许多流派中，尤其刚柔流和糸东流中融入了许多白鹤拳的技术动作，这与吴贤贵的贡献是密不可分的（图1-13）。

（三）周子和（1874—1926）

周子和，字永宽，福州南屿镇芝田村人，号郁人山道者。清末民初福州虎拳的代表人物，日本上地流空手道的师祖。周家是南屿少数几个富豪家庭之一，周子和又是家里的独子，因此父母非常重视对他的教育，特意聘请教师教授其四书五经及书画。为提高身体素质，家里还专门聘请了武术老师对他进行武术指导。周子和从小嗜武，天性聪颖，勤奋好学。先后拜鹤拳名师郑友度、虎拳宗师郑仙

图1-13　吴贤贵

（昭和十一年，吴贤贵在近畿大学展示白鹤拳，其右后侧是糸东流创始人麻文仁贤和）

纪、李昭北为师，习练鹤拳、虎拳及十八般武艺。后来周子和的父亲听说有一位来自山东的身怀绝技的著名拳师柯细悌在南屿漫游，遂请至家中，让周子和再拜柯细悌为师。周子和原本功底扎实，又得名师指教，日夜刻苦练功，诸般武艺日益精进。他擅长的武艺很多，尤以鹤拳为精、虎拳为最。同时还练成了一手铁砂掌，远近闻名。他在家中天井上放一石条，专为练硬功所用。相传他的手指往树上一插，就是一个洞。他两臂平举，左右各伸出一指，在单指上各悬挂一人都不会下坠。双手还能将百十来斤的东西击出数尺之外。当然这肯定有夸大之辞，用以形容周子和功夫了得。他艺成后授徒甚众，其中著名者有周诗格、王佛佛、浦浦、金世田、周振群以及日本青年上地完文等。

图1-14　周子和画像

日本琉球青年学生上地完文为躲避日本兵役于1897年离开琉球来到福州，巧遇周子和，得知周武艺高强，遂跟随周子和习武达13年之久。1910年，上地完文回国后，在冲绳大力推广所学拳术，并结合本国武术特点，创造了上地流空手道，逐渐从冲绳发展到日本全国及世界各地。1981年3月，日本上地流空手道联盟派人专程前来福州寻根，找到了他们师祖周子和的后人，并对上地完文习武的事情进行了求证（图1-14）。

（四）唐大基（1887—1937）

唐大基，清代武术家，祖籍福建省闽侯县南屿镇尧沙村。因尧沙与今永泰县很近，而永泰武风浓厚，以虎桩拳为主要练习内容，久而久之，民风淳朴，骁勇善斗，于是尧沙村也深受其武风影响，逐渐习练武术。据说虎桩拳是少林寺铁珠和尚传入永泰，永泰嵩口人李元珠继承该拳法并发扬光大。民间誉称"光脚北手"的郑登光、李昭北都是李元珠的嫡传弟子。唐大基家乡尧沙村传承的虎桩拳就是这"光脚北手"的拳法与套路。虎桩拳气神为虎威，步伐奔腾，虎虎生风，尤其发劲之时，两眼炯炯闪光，颈项鼓涨，发出嗷嗷的威猛的虎啸声，令人胆战心惊。村民习练武术一方面是为了防止一些盗匪抢夺财务，另一方面又可以强身健体，聚集村内人气。村民日间耕作，夜间便在村里空地或祠堂秉烛练功。唐大基年少力壮，性格开朗，悟性高，又愿吃苦耐劳，因此在长辈及武术老师的指导下，经过几年日积月累的刻苦训练，功夫大增，成为乡里乡外颇有名气的武术青年。另一说法是唐大基练的是福建省名门之一的五祖拳，五祖拳是南派拳法的南派太祖拳、南派罗汉拳、白猿拳、鹤拳、达摩拳五个门派融合发展出来的拳法。唐大基的堂兄大陞于宣统年间去琉球开了"公和茶庄"做茶叶生意，后又壮大生意开了"中华料理"，此时许多日本浪人及当地地痞流氓盛行于市场，经常欺负华人以收取保护费，弄得华人们民不聊生。于是大陞就让大基前去帮忙照顾生意，一方面确实缺少人手，另一方面大基武功高强，遇到一些地痞流氓也能保护生意不受太大影响。唐大基于民国初年应邀到琉球。此时，大基二十岁出头，年轻气盛，血气方刚，哪能忍受住这些地痞流氓三番五次刁难，几次打败无理取闹的浪人地痞，让茶庄和中华料理得以顺利经营。据说，那霸市有个民众聚会和休憩的场所，经常人来人往，鱼龙混杂，非常热闹，一些黑道浪人也在此搭台设擂，挑衅生事，以显示武士道的威风，同时也为了他们能够收保护费打下基础。唐大基和另一侨领白鹤拳武师吴贤贵，在华侨社会的声援与支持下，上台进行比武，把几个摆擂台的所谓"高手"打得落花流水。从此，大基在琉球落稳了脚，生意也越来越红火，闲暇时便传授华侨和琉球友人武功。一些琉球当地武术家也与其进行交流切磋，有的投入其门下习练武术。如师从福州武师的上地流创始人上地完文、刚柔流创始人宫城长顺等都曾与其有师生之谊。

唐大基不仅身强力壮、一身武艺，性格也豪爽，他与其堂兄大陞热衷于华人公益事业，急公好义，乐于助人。他们经常维护华人的利益、爱护当地的百姓，好善乐施。期间，他们还主持了两处"唐人墓"的迁移并举行隆重的祭祀活动，因此成为当地华人组织的首领。1916年，唐大基娶当地女子石原满子为妻，又在其堂兄唐大陆帮助下，另立门户，经营茶庄和料理店。之后事业有成，家庭美满，先后生育了两男五女。从1913年至1928年，唐大基不但成家立业，服务社会，而且在琉球发扬了中华武术，加深了中琉人民之间的友谊。但是，由于当时正值日本政府加紧推行侵华政策，一些去中国化运动风生水起，琉球的一些日本地痞与右翼势力不断对华人加以迫害。1929、1930年，唐大基家两度遭受不明火灾，财产尽失，房屋无存。他忧愤交加，无奈之下，携妻带子返回南屿尧沙村。然而此时中国也兵荒马乱，农村收成不济，大基既无田园，亦无房产，暂在伯母家中寄居安顿。由于唐大基身心俱伤，体力衰弱，不胜田园生计，难以养家糊口，妻子石原满子因生活无依、语言隔膜，带着幼女返回冲绳，另图生路。唐大基送走妻女之后，贫病交加，不得不将身边的两个女儿送人当了童养媳，两个男孩分别托人带去学艺。一个本来幸福欢乐的家庭，没落不堪。唐大基于1937年带着万分悲愤与不平在尧沙村去世，年仅50岁。

（五）谢崇祥（1852—1930）

谢崇祥，俗名如如哥、如六哥，鸣鹤拳武术家，1852年生于福建省长乐市占乡岱边村。由于父亲谢尊志是竹篾工工匠，业余练习罗汉拳强身健体，于是谢崇祥6岁便进入私塾学文，8岁跟随父亲习武。15岁时家里突发大火，家产尽付之一炬。于是，全家搬到福州市上杭街附近的星安桥畔居住。机缘巧合，谢崇祥遇到鸣鹤拳宗师潘屿八（林达崇），经过潘屿八的精心指导，虽身体偏矮但强壮的谢崇祥功夫与日俱增，不仅学会了二十八宿和一百零八等套路，还学会了鸣鹤拳的运气之法。经过与其他人比试，无不胜出，逐渐在琉球馆一带小有名气，一些比他小的师弟或青年都尊称其如如哥。坊间还流传着"脚真快如如""脚真毒如如"等说法，可见谢崇祥功夫了得。经过多年的刻苦钻研，谢崇祥终成一带宗师。谢崇祥由于学徒众多，31岁的时候在上杭街直冲庙开了一家自己的武馆。他60岁大寿时，徒子徒孙达百余人前来祝寿。谢崇祥对徒弟要求非常严格，但指导时温文尔雅，以理服人，同时对于品德不端、武德不正的徒弟坚决给予开除。因此，虽然要求严格，但师徒关系融洽，在其帮助下，有七名徒弟先后开了武馆，成就了七个武术门派：麻伙（陈世鼎）、铄德（萧锐）、番仔（林贞兰）、福官（吴福官）、利弟（陈利弟）、依角（陈依角）、鱼丸干（潘家干）。以上七人也是福建著名的武术家。1877年，琉球人东恩纳宽量来到福州拜谢崇祥为师，经过3年的刻苦学习，习得一身武艺，回琉球后大力发展，成为那霸手的主要技术来源，东恩纳宽量也被尊称为刚柔流空手道的鼻祖。

综上所述，中国拳法由闽人三十六姓移民、册封使团、旅居中国的琉球人以及中国民间武术家带往琉球，后来，结合当地的格斗术"琉球手"发展成空手道的雏形"唐手"。琉球灭亡后的20世纪初，一些琉球唐手家如船越义珍等将唐手传向日本。1930年后，日本欲侵略中国，朝野上下弥漫着去中国化运动，唐手也因此改成了空手并在后期的发展中最终更名为空手道。尽管如此，在冲绳、日本本土仍然有一些武术家或武术团体继续使用"唐手""中国拳法""中国少林寺流拳法"等名称，以示不忘本源。

第三节　空手道的发展与演变

一、由"唐手"到"日本武道"

1910年9月，八代六郎海军少将率领舰队到达冲绳，冲绳师范学校与第一中学学生在欢迎海军大会上表演了糸洲安恒倡导的唐手"平安型"。八代六郎少将本人经过多年的柔道学习，可以称得上是柔道行家，他看完表演后对"唐手"非常感兴趣。回东京后就向其恩师、讲道馆馆长嘉纳治五郎推荐了唐手。十多年后，1921年5月，日本文部省主办全国体育博览会，由嘉纳治五郎等推荐，文部省指令冲绳县派唐手代表来东京表演。经推选，冲绳县政府委派糸洲安恒的学生，即当时在师范学校预科班教习唐手的船越义珍前往。受邀后，船越义珍整理了唐手的部分照片，制作了两幅唐手技术动作挂图等，并把这些都带到东京进行了展示。表演的前夜，船越义珍参考柔道服连夜缝制了一套唐手服，并在第二天的大会上演练了"公相君"型（观空大），并讲解、示范了琉球唐手的各种技术，因唐手技术与日本本土武术不同，表演非常成功且反响强烈，因此得到了东京官方和民间的肯定，激发了东京民众对冲绳神秘唐手的好奇心。由于嘉纳治五郎的积极引荐，1933年，唐手作为柔道或柔术的一部分被武德会认定为日本武道之一。唐手家们为了发展和普及唐手，同时也是为了能够在日本本土维持生计，不得不接受这一苛刻现实。

二、由"唐手"到"空手"再到"空手道"

据《庆应义塾大学空手道部50年史》记载，1929年（昭和四年），庆应义塾大学唐手研究会的成员与船越义珍到镰仓圆觉寺参禅，古川尧道住持向大家推荐，认为将"唐手"改为"空手"比较好，原因是：其一，徒手空拳意即空手；其二，佛教思想"色即是空，空即是色"，空包括天地万物；其三，"空手"与"唐手"的日语发音相同。

但实际上这一建议当时并未践行。1934年（昭和九年），空手道还是以唐手术名义加入"财团法人大日本武德会"。1936年2月（昭和十一年），在东京大学的唐手研究会改名为"空手研究会"后，1936年10月25日，在那霸举行的空手大家座谈会中，各方对空手道的发展进行了探讨，为迎合当时日本当局试图消除中国对琉球影响的目的，正式将该种武术定名为"空手"，之后"空手"名称在日本得到广泛运用。大日本武德会也在1939年（昭和十四年）正式承认了"空手"为日本的武道项目之一。后期，参考柔道、剑道、茶道等在"空手"名称后面加上一个"道"字，意为方法、道理，让空手又上升到文化与哲学的地位，因此"唐手术"便更名为"空手道"。但一些传统流派仍然以旧称唐手、中国拳法、琉球拳法等继续传授唐手。

改名之事看起来是一件文字上的小事，实质上它是一个传统武术向现代空手道体系转变的里程碑，即由"术"至"道"，由单纯的技击运动进入哲学的范畴。尽管唐手被改名为空手，继而改名为空手道，但它内在的核心和文化基因无法摆脱中国武术文化的影响，其仍然是中国武术文化的一个子系统，隶属于中国文化。

三、空手道的四大流派

（一）四大流派的形成

在历史长河中，由来自中国的武术结合当地格斗术而形成了首里手、那霸手、泊手和御殿手，并逐渐总称为唐手，再由唐手发展成空手、空手道。这项特殊的武道运动经历了不断的创新与发展。20世纪二三十年代，由琉球传向日本本土的唐手以及之前吸收中国武术技术与文化要素的武术馆校和个人掀起了"自创流派""独立门户"的热潮。当时大大小小的流派多如牛毛，多达几百家，一些流派不断发展壮大并成立了世界组织，一直流传至今，还有一些流派湮没在历史的车轮中几乎销声匿迹。目前，日本国内乃至世界上具有较大规模和影响力的主要有松涛馆流、糸东流、刚柔流、和道流四大流派。

（二）四大流派创始人与流派简介

1. 松涛馆流

图1-15 船越义珍

松涛馆流的创始人是船越义珍（1868—1957）（图1-15）。船越义珍是为现代空手道体系化、普及化奠定基础的第一人，被后世人尊称为空手道始祖，也被称为"现代空手道之父"。1916年，船越义珍在京都武德殿进行了唐手演武，这是唐手第一次在日本本土公开，从此时开始，他将"唐手"从琉球传入日本本土。因船越义珍本人的雅号为"松涛"，其唐手技术体系也被称为"松涛馆"（或松涛馆流）空手道。

松涛馆流是目前世界上流传最广的空手道流派之一，系空手道中的所谓"南舟北马"中的北派功夫。松涛馆流空手道共有25个规定型（套路）。其技术特征为大开大合，动作走直线，多用弓步大马，注重腿法运用，是刚猛型空手道的典范，类似中国武术中的北派少林拳。因为其动作幅度大且简洁，深受欧美空手道爱好者的喜爱，在世界空手道强国法国、德国、英国、美国等国家，松涛馆流的空手道市场占有率极高。

2. 刚柔流

刚柔流创始人是宫城长顺（1888—1953）（图1-16）。1902年，宫城长顺跟随东恩纳宽量学习唐手，1930年，宫城长顺以"三战"形为刚之型，"转掌"形为柔之型，构成技术体系基础，取中国古老武术白鹤门古籍《武备志》中的"法刚柔吞吐，身随时应变"之"刚柔"二字作为自己流派的名称，在日本京都创立刚柔流。但也有刚柔流专家称东恩纳宽量为刚柔流鼻祖。

图1-16 宫城长顺

刚柔流是"南舟北马"中的南派功夫，其系统来自南少林拳白鹤门，有明显的南拳特色。以小架三战立、猫足立、四股立为主，讲究刚中带柔，柔中带劲，相辅相成，刚柔并济。刚柔流共有12个规定型。在修行时注重"气""息""体"的锻炼。目前通常刚柔流以击碎一、击碎二为基础型，但也有一些传统刚柔流道场把平安型列入流派的初级型。

3. 糸东流

糸东流创始人为摩文仁贤和（1889—1952）（图1-17）。继"松涛馆流"和"刚柔流"设立之后，1934年，摩文仁贤和在日本大阪开设"养秀馆"道馆，以其两位恩师之名（糸洲安恒之"糸"和东恩纳宽量之"东"）创立"糸东流"空手道。糸东流的"型"是其流派的一大特色，糸东流空手道一共有47个规定"型"，是四大流派中"型"最多的流派。糸东流不但融会贯通首里手和那霸手之武术，还加上了日本古代的擒拿术，传统的居合剑术和多田派的叉术、棒术及双节棍术等各种技术体系。时至今日，糸东流不但已成为世界四大流派之一，而且是目前把传统空手道体系保存得最完整的空手道流派之一。糸东流的体系特点可以用"守""破""离"三个字

图1-17　摩文仁贤和

来总结，即对"型"的忠实遵守，而后应用，最后独立，以此独特的方法来修炼空手道。糸东流空手道极其重视精神上的修养，开祖摩文仁贤和强调糸东流空手道为"君子之拳"，即空手道以防身自卫为主，不主动伤人，交流比赛点到为止，是为修行圆满的人格和崇高的品行。

4. 和道流

和道流的创始人是大冢博纪（1892—1982）（图1-18）。"神道扬心流柔术"师范大冢博纪，6岁开始学习柔道。1920年开始到明正塾唐手馆跟随船越义珍学习唐手。之后又跟随本部朝基、摩文仁贤和等人学习空手。1924年在皇居济宁馆道场举行的演武会上表演了琉球唐手，他表演了自创的"唐手术乱取型"以及"捕短刀""捕真剑白刃"，博得参会武术家及观众的好评。1934年，大冢博纪将唐手、柔术

图1-18　大冢博纪

以及新阴流等古流剑道的技术合三为一，创立"和道流"空手道。大冢博纪不仅创立了"和道流空手道"，还创立了"和道流柔术拳法"。此拳法以"神道扬心流柔术"为母体，结合其他柔术流派技术特点，并加入空手道的技术而创立。后期，和道流柔术拳法作为柔术流派加盟于日本古武道协会（和道流柔术拳法仅限在和道流空手道有段者中进行传授）。和道流空手道深受"神道扬心流"柔术和古流剑道的影响，将"别""流""押""引""入身""转身"等更具柔术和剑道的技法特征引入空手道。和道流最具特色的是格斗技术，是极少数在格斗中能体现流派特征的空手道流派之一。和道流创始人大冢博纪生前只留下了16个"型"，该流派的型深受松涛馆流空手道影响，风格与松涛馆流相似，但又有明显的区别。

（三）四大流派的发展

直至今日，松涛馆流、刚柔流、糸东流及和道流被空手道界称为"四大流派"。其实，各个流派级位、段位安排各不相同，流派间段位标准也不通用，基本技术以及"型"方面也有着很大的差异，但在组手方面则基本上是"统一"的。"寸止规则"是所有参加组手比赛者（不分流派）必须遵守的前提条件，这也为大家站在同一个平台上竞技提供了统一的评判标准和技术能力发挥的良好环境。

1964年，"四大流派"的代表性组织在日本东京结盟成立"全日本空手道联盟"，之后在"全日本空手道联盟"的大力推广下，于1970年成立了"世界空手道联合会"（WUKO），后期更名为"世界空手道联盟"（WKF）。经过五十多年来世界空手道爱好者们的不懈努力和各界人士的大力支持与关心，体育空手道运动已经遍及了世界各国，截至2020年，其会员国已经达到202个，全球练习者将近1亿人。空手道是东京奥运会的比赛项目，2021年8月5—7日，东京奥运会空手道比赛在日本武道馆举行。

（四）空手道在国际上的发展历程

第二次世界大战后，美国占领日本期间，因空手道是唯一不被禁止的武道项目，因此美国军人逐渐认识并习练了空手道，之后把空手道带回了美国。1948年，美国和日本各自成立了本国的空手道协会。1958年，日本空手道协会举办了第一届全国空手道锦标赛，参赛队伍是大学中的俱乐部。这期间空手道得到了一定的推广，但发展缓慢。直到1964年日本举办奥运会时，空手道四大流派结盟成立"全日本空手道联盟"，空手道才得到迅速普及和发展。1970年10月，成立"世界空手道联合会"（WUKO），制定了一套统一的竞赛规则和评分体系，并在日本武道馆举办了首届世界空手道锦标赛。1976年，国际单项体育联合会接受了世界空手道联合会，空手道得以在1981年的第一届世界运动会上出现。1983年，在世界空手道联合会的主持下，召开了第一次技术代表大会。经过发展，1985年，国际奥委会正式承认世界空手道联盟为管理空手道项目的组织机构。1993年10月，"世界空手道联合会"（WUKO）更名为"世界空手道联盟"（WKF）。1994年10月，空手道入选第十二届亚运会正式比赛项目。1999年6月，世界空手道联盟（WKF）被国际奥委会正式接纳为国际竞技团体，虽然之后成为伦敦奥运会的备选项目，但最终并未进入2012年的伦敦奥运会。因东京奥运会是日本的主场，国际奥委会也改变了奥运会项目进出规则，2016年8月，空手道被宣布纳入2020年东京奥运会正式比赛项目，由于受到新冠肺炎疫情的影响，延期一年举办。2019年12月4日，空手道又被列为2022年青奥会正式比赛项目。2021年8月5—7日，东京奥运会空手道比赛在日本武道馆成功举办。除进入奥运会正式比赛项目外，全球的空手道练习者也逐渐增多，据世界空手道联盟官网统计，全球练习空手道的国家达到202个，练习人数达1亿人。

第四节　空手道重大国际赛事简介

一、世界赛事

（一）世界空手道锦标赛

由世界空手道联盟组织主办，该组织自1970起举办首届世界空手道锦标赛〔当时有33个国家（地区）178名选手参加〕之后，每两年在不同国家举办一届。2010年，第二十届世界空手道锦标赛参赛国为88个，参赛选手875名，中国空手道选手李红获得本次比赛的冠军，成为我国首位空手道世界冠军。

（二）东京奥运会空手道比赛

空手道于2016年8月3日被国际奥委会宣布成为东京奥运会正式比赛项目，空手道比赛总计8枚金牌，其中组手比赛男女各3枚金牌，型比赛男女各1枚金牌。由于受新冠肺炎疫情影响，东京奥运会延期到2021年举行，空手道比赛已经于2021年8月5—7日在日本武道馆成功举办，来自全球38个国家和地区共计81名运动员参加了本次比赛。奖牌获得情况如表1-1所示。

表1-1　东京奥运会奖牌获得者情况表

性别	项目	金牌	银牌	铜牌
男子	个人型	喜友名谅（日本）	金特罗（西班牙）	托雷斯（美国） 索福格卢（土耳其）
男子	-67kg组手	斯蒂芬·达科斯塔（法国）	埃雷·萨姆丹（土耳其）	哈蒙·德拉菲斯普尔（难民代表团） 阿卜杜勒·拉赫曼·阿尔马萨特法（约旦）
男子	-75kg组手	路易吉·布萨（意大利）	阿加耶夫（阿塞拜疆）	斯坦尼斯拉夫·霍鲁纳（乌克兰） 卡罗利·加博尔·哈斯帕塔（匈牙利）
男子	+75kg组手	萨贾德·甘扎德（伊朗）	塔雷格·哈梅迪（沙特阿拉伯）	荒贺龙太郎（日本） 乌古尔·阿克塔什（土耳其）
女子	个人型	桑德拉·桑切斯（西班牙）	清水希容（日本）	刘慕裳（中国香港） 薇薇安娜·博塔罗（意大利）
女子	-55kg组手	伊维特·格拉诺娃（保加利亚）	安泽利卡·特利乌加（乌克兰）	文姿云（中国台北） 贝蒂娜·普兰克（奥地利）
女子	-61kg组手	约瓦娜·普雷科维奇（塞尔维亚）	尹笑言（中国）	吉安娜·洛特菲（埃及） 缪尔·科班（土耳其）
女子	+61kg组手	费尔阿勒·阿卜杜拉齐兹（埃及）	伊琳娜·扎列茨卡（阿塞拜疆）	龚莉（中国） 索菲亚·贝鲁尔切娃（哈萨克斯坦）

（资料来源：搜狗百科2020年东京奥运会空手道比赛）

(三) 2022达喀尔青奥会空手道比赛

2019年12月，空手道成为2022年达喀尔青奥会比赛项目。设置男女组手各3个级别共计6枚金牌。

除以上比赛外，WKF还在世界各地定期举办"世界杯空手道大赛""世界空手道超级联赛""世界青少年空手道锦标赛"等各种国际赛事活动。

二、亚洲赛事

(一) 亚运会空手道比赛

1994年广岛第十二届亚运会上空手道被列为正式比赛项目。之后，每四年随亚运会举办国的赛事活动举办一届。

(二) 东亚运动会空手道比赛

东亚运动会是由东亚运动会总会所举行的地区综合性运动会。2005年，中国澳门举办的第四届东亚运动会上，空手道被列为正式比赛项目。之后，每四年随东亚运动会赛事活动举办一届。2013年10月，中国天津举办了第六届东亚运动会。

(三) 亚洲空手道锦标赛

该赛事自1991年始由亚洲空手道联盟（Asian Karate Federation，AKF）组织举办，是亚洲空手道系列比赛中最高技术水平的赛事活动。每两年在亚洲各国（地区）举办一届。

(四) 东亚空手道锦标赛

首届东亚空手道锦标赛在澳门举办，有6个国家和地区的87名选手参与了此次盛会。此赛事活动每两年在东亚空手道联盟名下的各国或地区举办一届，属于洲际区域技术交流型赛事活动之一。

（五）西亚空手道锦标赛

2009年，由伊朗、黎巴嫩、巴勒斯坦、阿富汗、沙特阿拉伯等多个国家和地区组成的西亚空手道联盟正式成立，每两年在联盟名下各国或地区举办一届西亚空手道锦标赛。属于洲际区域技术交流型赛事活动之一。

第二章 空手道在中国的发展历程

中国空手道运动最早始于20世纪七八十年代。随着中国改革开放和国际交流步伐的不断加大，空手道从民间渠道传播到了中国许多省市，同时一些武术研究者和爱好者也出版了多部空手道方面的译作、著作。中国各地民间展开的空手道，主要分布在沿海各省市，流派主要是松涛馆流、糸东流、刚柔流、和道流和极真空手道。而进入新千年的21世纪，在官方有序的引领下，中国空手道发展突飞猛进，并有了翻天覆地的变化。

第一节 民间无序发展时代

何为"无序"？"无序"是指混乱无规则的状态，它跟"有序"是相对的。无序通常是某种现象或某种活动不定期或没有预见性地出现，如突然下雨、某个人或某个群体为了某种利益偶然地做某件事情。空手道民间无序发展时代是指在没有国家政府部门或某个较大团体刻意进行发展的一种现象。比如空手道的某个老师来中国教授空手道，并不是某个组织或团体派遣过来的，也不是中国某一政府部门或组织或团体邀请过来的。某个人偶然学了空手道，喜欢空手道，于是开了空手道馆，一方面可以有个练习的场地，另一方面可能也是经济利益驱使，收取学费可以获得经济收入。无序的发展通常具有自发性、偶然性和特别性的特点，相对于有序的发展，无序发展相对缓慢，规模性也较小。

一、日籍教练将空手道推广传入中国

1990年，空手道拳士会师范铭苅拳一先生联系到了上海市体育局，以免费授课的形式开始了空手道运动在上海的传播。之后，以铭苅拳一先生众弟子为主的二代空手道传播为我国空手道在民间的发展作出了贡献。因此，2000年上

海市举办了首届空手道锦标赛,成为中国境内首次举办的空手道省级赛事,之后在第五、第六届国际武术博览会上举办了空手道单项比赛,多个国家应邀前来参加比赛交流。

2001年6月,日本阪南大学空手道部藤田荣三教授受上海体育学院陈新富先生邀请,为上海体育学院在校本科生、研究生讲授了空手道的基本技术和基础"型",从此掀起上海体院学生学习空手道的高潮。

二、中国留学生旅日之后引进空手道

2000—2004年,上海体育学院的陈新富先生赴日本阪南大学留学并进行了空手道的系统训练与研究,他于2004年回国后在上海体育学院开设了"空手道入门"任意选修课,2005年开设了限制选修课程和非体育专业类的兴趣俱乐部。上海体育学院系我国体育院校中最早开设空手道课程的院校,为我国空手道的发展起到了良好的促进作用。

1993—2000年,安徽省退役武术运动员贾平先生前往日本学习,并在日本JHC株式会社、竹本食品株式会社就职。1997年开始在社团法人日本空手协会学习松涛馆流空手道,并获得日本空手协会三段,JKA公认指导员资格。2000年回国后,先后在上海、安徽等地设立空手道馆,推广普及松涛馆流空手道技术,培养了一大批从事空手道推广的空手道教练、学员,为松涛流空手道在中国的普及与发展打下了坚实的基础。

陈小龙先生于1990年起跟随来中国传播空手道的铭苅拳一学习小林流空手道,并于2002年创立拳力会馆发展推广空手道。为提高空手道实战技艺,陈先生于2000—2003年前往日本大阪国际空手道联盟IKO2(绿派)学习极真空手道(全接触空手道),回国后继续担任拳力会馆馆长,普及与发展空手道。陈先生为全接触空手道在中国的发展起到了举足轻重的作用。

三、民间空手道发展的特点

在官方没有把空手道列为我国正式推广的体育项目之前或被列为推广项目初期,空手道的市场还处于混乱、缺乏组织管理、流派众多、各自为政的状况,且发展缓慢、不成规模,缺乏统一规范的教学、考核、认证体系,也缺乏体育管理部门的相关政策来规范市场和引导大众空手道健康有序地发展。

第二节 官方有序引领时代

有序是指具有一定的规律、按照一定的要求，由政府部门或组织有计划、有目的地做某件事情或发展某种文化或项目。有序的发展通常具有目的性、计划性和专业性的特点，相对于无序发展，有序发展更快速，规模也更大，效果更快。

一、中国空手道从民间无序发展到官方引领的崛起历程

1999年，上海市最早成立了地区级空手道管理组织——上海市武术协会空手道委员会，标志着空手道引起了官方的注意，但并没有达到重视的地步。空手道在1994年就已经被列为亚运会正式比赛项目，直到2010年广州亚运会在中国举办之前，中国一直没有组队参加空手道项目的比赛。鉴于亚运会在中国的举办，2006年国家体育总局正式发文引进空手道项目，开启了政府引领的发展之路。2007年，中国空手道国家队正式成立，使中国空手道事业迈向专业化的道路。2008年，中国空手道协会成立，让一些空手道的俱乐部有了组织，使得民间空手道事业得以有序发展，之后在制度上、赛事上不断完善，使教练培养、晋升，学员晋级有了依托。2009年，中国首次承办第九届亚洲空手道锦标赛，中国空手道国家队队员李红、吴秋凤、冯兰兰获得3枚金牌。2010年，国家体育总局发文把空手道设为我国正式开展的体育运动项目，肯定了中国空手道发展的成绩，同时更加坚定地推动空手道在中国的发展。2010年，中国空手道国家队队员李红获得第二十届世界空手道锦标赛冠军，实现了中国队在世锦赛上金牌零的突破，让中国空手道在世界上达到更高的水平。尤其在2020年东京奥运会空手道比赛中，中国空手道选手首次参加奥运会便获得一银一铜的优异成绩，更是中国空手道十余年来不断努力发展的结果。

二、中国空手道的探索与稳步提升的发展历程

1999年4月，上海市武术院成立"上海市武术协会空手道委员会"。

2006年7月，国家体育总局正式发文批准引进"体育空手道"项目，最高管理机构设在国家体育总局拳击跆拳道运动管理中心，并在同年分别开办了教练员和裁判员培训班。

2006年7月，国家体育总局拳击跆拳道管理中心在广东佛山举办首届"全国空手道教练员培训班"。

2006年10月17日—12月26日，为了备战亚运会和国际赛事，国家体育总局组建国家空手道集训队，组织全国优秀空手道运动员在广东省佛山体育运动学校进行集训。

2006年11月，国家体育总局拳击跆拳道管理中心在北京体育大学举办首届全国空手道裁判员培训班。

2007年3月，中国空手道国家队正式成立。

2007年3月，国家体育总局批准空手道项目为试行开展项目，并正式成立中国空手道国家队，管健民先生担任国家队首任主教练。同年7月，在广东佛山举办了首届全国空手道锦标赛。

2008年11月，中国空手道协会秘书长王旭辉先生正式受聘担任WKF执委，成为中国走入世界空手道联盟领导岗位的第一人。

2008年12月，中国空手道协会公示首批国家等级裁判员名单。

2008年12月9日，中国空手道协会成立大会在青岛召开，推举国家体育总局副局长于再清担任首任主席，国家体育总局拳击跆拳道管理中心空手道部部长王旭辉先生担任协会首任秘书长（民政部2009年4月20日正式发文准予登记）。

2009年1月，世界空手道联盟（WKF）执行委员会通过议案，决定委任中国空手道协会秘书长王旭辉为执委，任期由2009年1月5日至2010年WKF举行会员大会当日。

2009年8月，中国空手道协会首次在国内（北京）承办世界级大赛"世界糸东流空手道锦标赛"。

2009年11月，马俊婷（上海）在摩洛哥举办的世界青少年锦标赛上成为中国第一个获得体育空手道国际级裁判员资格证书的裁判员。

2009年12月，中国首家"中国空手道协会示范学校"落户广东湛江少林学校。

2009年12月，中国空手道协会在广东湛江举办首届"段位考核会"。

2010年4月，"中国大学生体育协会空手道分会"在北京正式成立。

2010年4月14日，国家体育总局发文把空手道设为我国正式开展的体育运动项目（属于大项类）。由此，揭开了中国空手道事业发展的大幕。之后每年举办锦标赛、冠军赛。

2010年9月，山东省体育局在淄博市高青县第一个举办中国"省运会"空手道比赛。

2011年7月，中国空手道协会秘书长王旭辉先生正式担任亚洲空手道联盟（AKF）秘书长一职，成为亚洲空手道组织的重要领导成员之一。

2011年3月，中国闵永健（江苏）当选东亚空手道联合会理事会执委，贾平（安徽）当选东亚空手道联合会裁判委员会委员。

2011年8月，江苏省成立中国第一个省级空手道协会。

2011年8月，首届"全国空手道夏令营"在上海青浦国家空手道训练基地举办。

2012年5月，全国空手道新规则培训班在上海瑞大学校举行。

2013年4月，全国空手道教练员、裁判员培训班在上海瑞大学校举行。

2014年4月，全国空手道教练员、裁判员培训在天津霍元甲文武学校举行。

2015年3月，全国空手道教练员、裁判员岗位培训班在北京什刹海体育运动学校举办。

2015年8月16—24日，全国空手道国家级裁判员培训班在湖南娄底市体育中心举办。

2016年4月，全国空手道教练员、裁判员岗位培训班在武汉体育学院举办。

2016年12月20日，空手道国家队在天津霍元甲文武学校召开备战东京奥运会训练工作研讨会。本次会议听取各方意见，找准问题，厘清思路，明确国家队技战术风格体系和训练思路，统一思想，形成共识，为东京奥运会的训练打下了理论基础，并从2016年冬训开始切实做好各项备战工作。

2017年3月6—12日，2017年全国竞技空手道教练员、裁判员岗位培训班在武汉体育学院举行。来自全国各地的160余名学员参加了本次培训。

2017年3月12—14日，中国空手道协会举办2017年度全国空手道协会秘书长培训班。

2017年3月13—20日，2017年度全国全接触空手道教练员、裁判员岗位培训班在武汉体育学院举行。培训班期间还进行了各级别教练员和裁判员晋级、晋段和段位考试官考核工作。

2017年5月24—28日，2017年全国空手道教练员、裁判员岗位培训（北京站）在首都体育学院成功举行。

2017年7月25日，体育总局办公厅专门下发了《第十三届全国运动会空手道竞赛规程》的通知，将空手道列为全运会正式比赛的大项，共8个小项。

2017年8月，中国空手道协会组建新一届国家空手道队，采用跨界选人才的方式将空手道项目的改革提上日程。

2018年，全国各省市开始举办省（市）运会空手道比赛。

2018年2月8日，中国空手道协会第三届全国代表大会在京成功召开。会议选举管健民担任中国空手道协会主席，董军、袁永清、刘吉平担任协会副主席，袁永清担任协会秘书长，姚强等25人为第三届全国代表大会执委。

2018年3月31日—4月2日，全国空手道裁判员、教练员第一期培训班在北京举行。中国空手道协会主席、国家队主教练管健民以及澳大利亚籍国际A级裁判员、糸东流6段Nghia Tran先生授课，讲述空手道训练方法、2018年最新国际规则、比赛中录像审议的原则与方法等内容，并组织裁判员实习。

2018年5月15—17日，在江苏省无锡市太湖国际博览中心举办了全国空手道裁判员、教练员第二期培训班。中国空手道协会主席、国家队主教练管健民先生与世界空手道联盟裁判员委员会委员、亚洲空手道联盟裁判委员会副主席高桥和夫先生授课，讲述空手道训练方法、型（二十八步和八步连）、2018年最新国际规则等内容，并组织了实习。

2018年5月30日—6月4日，全国空手道裁判员晋级考试在河北迁安九江体育中心举行。

2018年8月6—8日，全国空手道裁判员、教练员第三期培训班在江苏省无锡市太湖国际博览中心举办。此次培训中国空手道协会特邀世界空手道联盟裁判员委员会委员、亚洲空手道联盟裁判委员会主席Mansour先生授课，讲授空手道教练员规范、2018年最新国际规则等内容，并组织了实习。中国空手道协会主席管健民先生机动授课。

2018年12月16—18日，全国空手道裁判员、教练员第四期培训班在江苏省无锡市太湖国际博览中心举办。此次培训中国空手道协会特邀世界空手道联盟裁判员委员会主席Javier Escalante先生授课，讲授2019年最新国际规则等内容，并组织了实习。中国空手道协会主席管健民先生也进行了授课。

2019年3月29日，国家体育总局发布关于调整和新增部分项目《运动员技术等级标准》的通知，将空手道列入可授予运动等级的比赛项目。

2019年4月2—6日，2019年全国空手道裁判员培训班（西安站）在陕西省西安市举行。

2019年4月25—31日，中国空手道协会全国教练员培训班在北京体育大学国家队训练基地举行，来自全国各省的100余名教练员参加了本次培训。中国空手道协会特邀西班牙的国际教练员、世界空手道联盟9段、前西班牙皇家空手道协会技术指导和领队、资深国际级裁判Antonio Oliva Seba及西班牙的国际教练员、国际级裁判Angle Madam Delgado Pozo参与本次教学。

2019年4月25日—5月1日，全国空手道教练员培训班在国家队训练基地举办。

2019年6月1—2日，2019年全国空手道裁判员培训班（上海站）在上海财经大学举行。

2019年6月11—12日，2019年全国空手道裁判员培训班（浙江站）在浙江省台州市举行。

2019年10月10—16日，全国空手道教练员培训班在国家队训练基地举办。

2019年10月13日，2019年全国空手道高级、中级教练员岗位（职称）培训班暨2020年全国空手道教练员岗位（执教）资格培训班在无锡君来世尊酒店举行，来自全国各地的132名空手道教练员参加。

2019年12月12—14日，2019年全国晋段考试官（含全接触）复训评审班在河南省郑州市举行。

2020年，由于新冠肺炎疫情影响，中国空手道锦标系列赛三站及冠军总决赛都是在山西太原进行的封闭式比赛。该比赛也是2021年全运会空手道比赛的资格赛。

2020年4月，中国空手道协会决定成立空手道国家示范团。

2020年9月8—9日，由中国空手道协会主办的全国空手道教练员、裁判员线上培训班顺利举行。由于新冠肺炎疫情影响，此次培训采用腾讯会议直播的方式，为期2天（9月8日教练员培训，9月9日裁判员培训），来自全国各省（区、市）共580余名教练员、裁判员参训。

2020年10月9—20日，2020年全国空手道锦标系列赛第一阶段比赛在山西体育中心举行。同时，赛事期间，全体参赛人员组成"WKF 50"的图案，共同庆祝世界空手道联盟成立50周年。庆祝活动得到世界空手道联盟主席安东尼奥·埃斯皮诺斯先生的赞扬并特别发来感谢信，对中国抗疫取得成绩和中国空手道协会的工作给予高度评价。

2020年11月3—4日，2020年第二期全国空手道裁判员、教练员线上培训班举行。

2020年11月17日，国家体育总局、教育部联合发文，将空手道纳入2021年普通高等学校运动训练、武术与民族传统体育专业招生目录。

2020年11月27日和29日，中国空手道协会分别在北京体育大学和山西体育中心挂牌"国家空手道队训练基地"，为空手道项目继续以体教融合为切入点不断发展奠定良好基础。

2021年3月，在世界空手道联盟超级联赛（土耳其站）上，中国空手道裁判员马俊婷女士（国际双A裁判员）被世界空手道联盟授予"WKF历史上最年轻裁判委员会委员"称号。

2021年4月9日是世界反兴奋剂机构（WADA）发起的"公平竞赛日"，旨在弘扬反对在体育运动中使用兴奋剂，倡导公平竞赛，维护纯洁体育。国家空手道队积极响应国家体育总局反兴奋剂中心号召，参加"公平竞赛日"宣传活动。

2021年4月20—21日，全国空手道大众教练员线上培训班举行，来自全国各地的200名教练员参加了培训。

2021年5月11日，世界空手道联盟公布了东京奥运会空手道比赛裁判员名单，中国空手道协会裁委会主任马俊婷名列其中，成为仅有的3名亚洲裁判员之一。

2021年5月25日，中国空手道国家队队员尹笑言、龚莉分别以世界积分排名第一、第二的成绩获得首批东京奥运会空手道比赛的入场券。

2021年5月24—26日，第14届全运会空手道项目裁判员选拔培训班在浙江台州举行。

2021年8月5—7日，中国空手道国家队选手尹笑言、龚莉分别获得东京奥运会女子-61公斤级个人组手银牌、女子+61公斤级个人组手铜牌。

2021年10月26—28日，全国空手道大众教练员线上秋季培训班举行，报名人数达1010人，创历史之最。

2021年11月26—28日，2021年型线上培训班暨晋段评审班举行，受疫情影响，中国空手道协会与时俱进，首次尝试进行线上段位考试，125人参加了晋段考试。

2022年3月24—25日，中国空手道2022年裁判员复训和教练员执教资格线上培训班举行。

2022年4月6—11日，全国空手道锦标系列赛（第一站）在浙江省杭州市临平体育中心举行，本次比赛作为亚运会空手道比赛的测试赛圆满闭幕。

三、中国空手道国内赛事的办赛历程

2007年7月，广东佛山举办首届"全国空手道锦标赛"。

2007年12月，上海举办首届"全国空手道冠军赛"。

2008年8月，广东佛山举办首届"全国大众空手道锦标赛"。

2010年10月，安徽芜湖举办首届"中国大学生空手道锦标赛"。

2012年8月，2012年全国青少年空手道锦标赛在河南许昌举行。

2012年10月，全国空手道俱乐部公开赛在安徽合肥举行，本次比赛的成绩可以根据水平晋级晋段，开创了空手道比赛成绩与级段位挂钩的先河。

2012年12月，全国空手道冠军赛在江苏南京举办。

2014年8月，2014年全国青少年空手道锦标赛在广东佛山举行。

2014年10月，全国空手道俱乐部公开赛在上海举办。

2015年5月，全国空手道俱乐部争霸赛在安徽省黄山市举行。

2015年8月18—24日，全国空手道锦标赛及青少年夏令营在娄底市体育中心举行。夏令营安排了韶山的红色之旅，让运动员们不忘初心、牢记使命。

2015年8月24—28日，全国全接触空手道锦标赛及青少年夏令营在宜昌市体育中心举行。

2015年10月2—5日，2015年中国空手道公开赛（北京站）在北京市丰台区举办。

2015年10月2—4日，2015年全接触空手道国际公开赛暨第11届极真中国空手道公开在江苏省南京市举办。

2015年10月2—5日，2015年中国空手道公开赛（北京站）在北京市丰台区举办。

2015年11月6—9日，2015年全国空手道冠军赛在河南省周口市体育中心举行。

2016年7月16—22日，2016年中国空手道公开赛暨全国竞技空手道俱乐部争霸赛（北京站）在国家奥林匹克体育中心体育馆举办。

2016年7月20—21日，2016年中国空手道公开赛（北京站）在首都经济贸易大学体育馆举行。

2016年7月30—31日，2016年全国竞技空手道俱乐部争霸赛（广东站）在广东省佛山市岭南明珠体育馆举行。

2016年8月13—20日，全国竞技空手道锦标赛及青少年夏令营在贵州省遵义市遵义师范学院体育中心举行。

2016年全国全接触空手道锦标赛暨全国青少年全接触空手道夏令营于2016年8月23—28日在辽宁省兴城市举办。

2016年10月1—5日，2016年全国竞技空手道俱乐部争霸赛（上海站）、2016年全国竞技空手道俱乐部争霸赛总决赛在上海外国语大学附属浦东外国语学校体育馆举行。

2016年11月16—21日，全国空手道冠军赛在江西省南昌市江西师范大学体育中心举行。

2016年12月23—25日，全国全接触空手道俱乐部争霸赛总决赛在湖北省宜昌市举行。

2017年4月29—30日，2017年全国全接触空手道俱乐部争霸赛在浙江省杭州市举行，来自中国上海、江苏、浙江、江西、沈阳及俄罗斯等各地的502名选手参加了比赛。

2017年4月29日—5月1日，2017年全国竞技空手道俱乐部争霸赛（安徽站）在安徽省宿州市安徽工程技术学校体育馆举办。

2017年5月12—14日，全国竞技空手道锦标赛在河北省保定市中央司法警官学院体育馆举行，来自全国各地的37支队伍共计540多人参加了本次比赛。

2017年7月21—24日，全国竞技空手道俱乐部争霸赛（广西站）在广西壮族自治区南宁市广西大学体育馆举行，来自上海、天津、湖南、河南、广东、云南、贵州及东道主广西等16支俱乐部队的共计300多名选手参赛。

2017年8月1—6日，全国青少年竞技空手道锦标赛暨夏令营在北京市朝阳区国家游泳中心水立方体育馆举行。

2017年8月1—6日，中国空手道公开赛在北京市国家游泳中心水立方体育馆举行。

2017年8月10—12日，第13届全国运动会空手道项目第二次预赛在河南省焦作市举行。

2017年8月13—16日，全国全接触空手道俱乐部争霸赛（成都站）比赛在四川省成都市举办。

2017年8月17—22日，全国全接触空手道锦标赛暨全国青少年全接触空手道夏令营在上海市举办。

2017年8月24—26日，第13届全国运动会空手道比赛在河南省洛阳市举行。竞赛项目按照东京奥运会级别设置，男子：67公斤级、75公斤级、+75公斤级、个人型；女子：55公斤级、61公斤级、+61公斤级、个人型。

2017年11月3—6日，全国全接触空手道俱乐部争霸赛（中山站）及总决赛在广东省中山市中山职业技术学院体育馆举办。

2017年11月6—11日，全国竞技空手道冠军赛在浙江省台州市椒江区体育馆举行。

2017年12月2—4日，全国竞技空手道俱乐部争霸赛（北京站）暨北京市中小学生空手道公开赛在地坛体育馆举行。

2017年12月12—17日，全国空手道精英赛及全国青少年冬令营在辽宁省葫芦岛市体育中心举行。

2017年12月15—18日，全国竞技空手道俱乐部争霸赛（上海站）及总决赛在上海市举行。

2018年4月11—16日，2018年全国空手道锦标系列赛（第一站）在江苏省无锡市太湖国际博览中心B4馆举行。

2018年5月18—23日，2018年全国空手道锦标系列赛（第二站）在江苏省无锡市太湖国际博览中心B4馆举行。

2018年6月2—4日，2018年全国空手道U18锦标系列赛在河北省迁安市唐山九江体育中心举行。

2018年7月22—30日，2018年中国空手道协会夏令营暨全国U18系列赛B级赛（俱乐部组）在湖北省宜昌市体育馆举行。

2018年8月1—6日，2018年全国空手道锦标系列赛（第三站）在江苏省无锡市太湖国际博览中心B4馆举行。

2018年9月4—6日，2018年全国空手道U18锦标系列赛第二站在山西省体育中心举行。

2018年9月25—30日，2018年全国空手道锦标系列赛（第四站）在江苏省无锡市太湖国际博览中心B4馆举行。

2018年10月19—21日，2018年北方9省（区、市）及新疆生产建设兵团、解放军U18空手道比赛在北京地坛体育馆举行。

2018年10月29—30日，2018年全国中、西部十省（市、区）U18空手道比赛在河南省郑州市省体育馆举行。

2018年11月17—18日，2018年全国全接触空手道锦标赛在上海财经大学体育馆举行。

2018年11月19—23日，2018年全国空手道U18冠军总决赛在湖北工业职业技术学院体育馆（湖北省十堰市）举行。

2018年11月28日—12月3日，2018年全国空手道冠军总决赛在江苏省无锡市太湖国际博览中心B4馆举行。

2019年3月6—10日，2019年全国空手道锦标系列赛第一站在湖北省宜昌市体育中心体育馆举行。

2019年3月22日，2019年全国U18空手道锦标系列赛（第一站）在上海举行。

2019年4月8日，2019年全国空手道锦标系列赛（第二站）在西安举行。

2019年4月29日—5月1日，全国U18空手道锦标系列赛（第二站）在安徽合肥举行。

2019年5月15—21日，第2届全国青年运动会空手道比赛第一次预赛在江苏无锡举行。

2019年6月12—16日，2019年全国空手道U18锦标系列赛（第三站）在河北唐山九江体育中心举行。

2019年6月25—30日，第2届全国青年运动会空手道比赛第二次预赛在浙江省台州市举行。

2019年7月28—30日，全国空手道锦标系列赛（第三站）在温州洞头举行，来自全国各省、直辖市、自治区及香港特别行政区的28支代表队，共计459名运动员参赛。

2019年8月2—6日，中华人民共和国第2届青年运动会空手道决赛在山西省临汾市同盛实验中学艺体馆举行。来自全国26个省（市、区）93支代表队的578名运动员参加了本次比赛，争夺52个项目的金牌。

2019年9月15—20日，全国空手道锦标系列赛（第四站）在福建武夷山市体育馆举行。

2019年9月21日，2019年全国全接触空手道锦标赛在上海财经大学体育馆举行。

2019年9月22日，2019年全国空手道俱乐部联赛（上海站）在上海财经大学体育馆举行。

2019年10月1—3日，2019年全国全接触空手道冠军赛在湖北省宜昌市体育馆举行。

2019年10月3—4日，2019年全国青少年空手道俱乐部（道馆）联赛总决赛在重庆市长寿区体育馆举行。

2019年10月20—25日，2019年全国空手道青年锦标赛、全国U18空手道锦标系列赛（少年组）在广东佛山举行。

2019年11月25—30日，全国空手道冠军赛总决赛在江苏无锡举行。

2020年5月9—28日，为抗击新冠肺炎疫情，中国空手道协会举办了"少年英雄"首届线上"型"公开赛，吸引了742名选手踊跃参赛。本次比赛按照年龄分为4个组别，并分为竞技组和全接触组，根据规则，选手需身着道服、系腰带，在任意场所录制一段2分钟的型演练视频，上传至比赛平台即可完成参赛。为保证比赛公平公正，裁判组由中国空手道协会选派，最终决出名次，由中国空手道协会颁发证书和纪念奖品。

2020年9—11月，在山西太原举办了空手道锦标赛系列1-3站、冠军总决赛封闭式的比赛。在2020年10月9—20日第一阶段赛事期间，全体参赛人员组成"WKF 50"的图案，共同庆祝世界空手道联盟成立50周年。世界空手道联盟主席安东尼奥·埃斯皮诺斯先生对庆祝活动大加赞扬并特别发来感谢信，对中国抗疫取得的成绩和中国空手道协会的工作给予高度评价。

2020年10月13—15日，2020年全国空手道A类赛暨第14届全运会积分赛（第一阶段）第一站在山西体育中心举行。

2020年10月18—20日，2020年全国空手道A类赛暨第14届全运会积分赛（第一阶段）第二站在山西体育中心举行。

2020年10月23日—11月12日，第2届"少年英雄"全国空手道线上型公开赛举行，共有来自21个省（区、市）的1200余名选手报名参赛。

2020年11月13—15日，2020年全国空手道锦标系列赛（第三站）在山西体育中心举行。

2020年11月18—20日，2020年全国空手道冠军总决赛在山西体育中心举行。

2021年6月1—27日，第3届"少年英雄"全国空手道线上型公开赛举行，882名少年儿童选手参加了比赛。

2021年5月27日—6月4日，中华人民共和国第14届运动会空手道资格赛在浙江临海举行，比赛决出了48名全运会运动员决赛的资格。

2021年9月17—19日，中华人民共和国第14届运动会空手道比赛在陕西西安举行。冠军为：男子个人型母世科（广东）、女子个人型汤冰（上海）、男子-67公斤级王志伟（安徽）、女子-55公斤级李冉冉（河南）、女子-61公斤级尹笑言（河南）、男子-75公斤级孙邵杰（四川）、女子+61公斤级龚莉（北京）、男子+75公斤级刘帅（天津）。

四、中国空手道国际地位提升的比赛历程

2007年8月24—26日，第8届亚洲空手道锦标赛在马来西亚森美兰汝来室内体育馆举行，我国选手冯兰兰以出色的技战术水准，一举夺得了女子无差别级第三名和-60公斤级第五名的好成绩，为我国空手道队实现了奖牌"零"的突破。本次比赛也是我国首次组队参加亚洲空手道锦标赛。

2009年8月，中国国家队队员陈丹（北京）在首届亚洲武道运动会上崭露头角，首次夺金。

2009年9月25—28日，中国空手道协会首次在广东省佛山市南海区体育馆承办第9届亚洲空手道锦标赛。中国队获得3金1银3铜的优异成绩，创下中国队建队以来在亚锦赛上的最佳战绩，实现了中国空手道队在亚洲金牌榜上"零"的突破。李红为中国队赢得历史第一金（-50公斤级）。冯兰兰和吴秋凤分别拼下女子68公斤级和女子61公斤级冠军。

2009年11月，中国国家队队员吴秋凤（广东）在第6届世界青少年空手道锦标赛上夺取中国空手道队首枚世界级金牌，实现了世界金牌"零"的突破。

2010年7月，中国国家队队员李津津（山西）在第7届世界大学生空手道锦标赛上获取中国队首枚世界大学生比赛金牌。

2010年8月，中国空手道协会在北京承办"首届世界武博运动会·空手道比赛"。

2010年10月27—31日，中国空手道国家队队员李红在贝尔格莱德举办的第20届世界空手道锦标赛中获得女子个人组手-50公斤级冠军，实现了中国队在世锦赛上金牌"零"的突破。汤玲玲获得女子个人组手+68公斤级季军。

2010年11月24—26日，在广州亚运会空手道比赛上，中国空手道队第一次派人参加亚运会，李红为中国空手道队赢得第一枚亚运会金牌（女子-50公斤级）。冯兰兰获得空手道女子-68公斤级冠军，摘得了中国代表团该届亚运会第184枚金牌。汤玲玲获得铜牌。

2011年3月，在中国澳门举办的首届东亚空手道锦标赛上，中国国家队李红（河南）、王晓红（山西）、高梦梦（河南）、汤玲玲（安徽）、刘哲（天津）五名选手共获得5枚金牌。

2011年6月，在哈萨克斯坦举办的世界空手道公开赛上，王晓红获得女子-61公

斤级冠军和女子团体组手冠军，师建玲获得女子-55公斤级第三名；孙敬超获得男子-55公斤级第二名、刘哲获得男子-84公斤级第三名，他们两人和董明明还获得男团第二名。

2011年7月21—24日，第10届亚洲空手道锦标赛暨第11届亚洲青少年空手道锦标赛在福建泉州举行，中国队以5金6银5铜的成绩名列奖牌榜第三。王晓红和曾翠兰分别获得女子-55公斤级和-68公斤以上级冠军。杜思慧获得女子-53公斤级冠军，陈佳萍获得女子-59公斤级金牌。同时中国队夺得成年女子团体组手冠军。尹笑言、汤玲玲和李豪杰分别获得银牌。

2012年11月21—25日，2012年第21届空手道世锦赛在法国巴黎举行，中国国家队队员李红获得女子-50公斤级亚军。

2013年10月13—14日，在天津举行的第6届东亚运动会空手道比赛男子-84公斤级、-60公斤级、-55公斤级的决赛中，中国选手崔文举、孙敬超、王志伟实力超群，赢得金牌；在女子-50公斤级的决赛中，中国选手李红摘金。在女子-61公斤级比赛中，高梦梦夺得银牌。在男子-75公斤级比赛中，李法立夺得铜牌。

2014年10月2—4日，在仁川亚运会空手道比赛中，汤玲玲获得女子-68公斤级银牌，尹笑言获得女子-61公斤级铜牌，孙敬超获得男子-55公斤级铜牌。

2015年亚洲空手道锦标赛，中国选手尹笑言获得冠军。

2016年世界大学生空手道锦标赛，中国选手尹笑言获得季军。

2016年世界空手道锦标赛，中国选手尹笑言获得第五名。

2017年7月7—15日，首届世界中学生武搏运动会在印度阿格拉举行，中国中学生代表团获得10金11银8铜的骄人战绩。其中，空手道项目获得2金4银6铜。

2018年4月25日—5月4日，第8届东亚空手道锦标赛在澳门举行，中国队获得1金7银10铜的优异成绩。

2018年7月11—15日，第15届亚洲空手道锦标赛在约旦举行，中国空手道国家队尹笑言获得女子个人组手-61公斤级金牌，李冉冉和汤玲玲分别获得女子个人组手-55公斤级、-68公斤级银牌和铜牌，同时中国队还获得女子团体组手的铜牌（丁佳美、高梦梦、汤玲玲、尹笑言）。

2018年8月25—27日，在雅加达亚运会空手道项目比赛中，中国队获得1金2银。中国队尹笑言获得雅加达亚运会女子-61公斤级金牌，汤玲玲、高梦梦分别获得-68公斤级、+68公斤级银牌。

2018年11月6—11日，世界空手道锦标赛在西班牙马德里举行，尹笑言获得女子-61公斤级组手银牌。

2018年12月7—9日，2020年东京奥运会空手道积分赛暨2018世界空手道联盟

K1A系列赛（上海站）在上海财经大学体育馆举行。来自全球84个国家和地区的近1500名选手在组手、个人型、团体型3个大项14个小项中展开激烈的角逐。中国空手道国家队队员龚莉获得女子组手-68公斤级冠军，高梦梦获得女子组手+68公斤级亚军。廖依琳、陶祎玮、王君莉获得女子团体型银牌。尹笑言获得女子-61公斤级铜牌。

2019年3月1—3日，2019年世界空手道联盟K1A系列赛萨尔兹堡站，中国空手道队尹笑言在女子个人组手-61公斤级决赛中战胜日本选手，获得冠军，位列该级别东京奥运积分世界第一。

2019年4月15—17日，第一届亚洲大学生空手道锦标赛在中国澳门举行，中国代表团取得了1金3银2铜的好成绩。

2019年4月19—21日，世界空手道联盟K1超级联赛奥运积分赛摩洛哥站，尹笑言获得金牌。

2019年5月10—12日，第九届东亚空手道锦标赛在中国香港举行，中国队共获得9金9银10铜的优异成绩。

2019年6月7—9日，2020东京奥运会积分赛暨2019世界空手道联盟K1超级联赛（上海站）在上海财经大学体育馆举行。来自世界100多个国家和地区的近千名世界级空手道运动员参加了比赛，中国国家空手道队派出尹笑言等全部主力队员参加了比赛。尹笑言获得金牌，丁佳美、龚莉、高梦梦分别获得银牌，陈晔、廖依琳、陶祎玮获得女子团体型银牌，陆锦春、张世宏、姚孟杰获得男子团体型季军。

2019年7月19—21日，第16届亚洲空手道锦标赛在乌兹别克斯坦举行，中国空手道国家队尹笑言获得女子个人组手-61公斤级金牌，李冉冉和高梦梦分别获得女子个人组手-55公斤级、+68公斤级铜牌，同时中国队还获得女子团体组手的铜牌（龚莉、高梦梦、张晓玲、汤玲玲）。

2019年9月6—8日，世界空手道联盟K1超级联赛奥运积分赛日本站，尹笑言、龚莉、李冉冉各获得一枚铜牌。

2019年9月20—22日，世界空手道联盟K1A系列赛智利站，龚莉获得金牌，张晓玲获得铜牌。

2019年10月4—6日，世界空手道联盟K1超级联赛总决赛莫斯科站，龚莉获得-68公斤级银牌，尹笑言、李冉冉获得铜牌。

2019年11月29日—12月1日，世界空手道联盟K1超级联赛本赛季最后一场比赛在西班牙马德里举行，来自87个国家和地区的714名选手参加了比赛。中国选手尹笑言获得女子组手-61公斤级冠军。这是尹笑言本年度继亚锦赛和世界空手道联盟K1超级联赛上海、拉巴特、萨尔兹堡站比赛后，获得的第五枚金牌，同时以积分排名第一的战绩获得2019年度世界空手道联盟K1超级联赛总冠军。龚莉获得银牌。

2020年1月10—12日，世界空手道联盟K1A系列赛智利站，曹寒琪获得银牌，尹笑言、龚莉分别获得铜牌。

2020年1月25—27日，世界空手道联盟K1超级联赛奥运积分赛法国站，尹笑言、龚莉分别获得铜牌。

2020年2月14—16日，2020年世界空手道联盟K1超级联赛阿联酋站，中国空手道队尹笑言获得女子-61公斤级冠军，同时继续领跑奥运积分榜并成功斩获东京奥运会"入场券"。龚莉获得女子-68公斤级冠军并获得990分奥运积分，距离参加东京奥运会更近一步。

2020年2月28日—3月1日，在奥地利萨尔茨堡举行的世界空手道联盟K1超级联赛暨奥运会积分赛中，龚莉获得女子-68公斤级金牌，位于奥运积分排名女子-68公斤级世界第三。尹笑言获得铜牌。

2021年4月24日—5月7日，2021年世界空手道联盟K1超级联赛奥运积分赛最后一站葡萄牙站，龚莉以10∶0大比分获得金牌，实现奥运积分排名第二。

2021年8月5日，东京奥运会空手道项目第一个比赛日，中国香港选手刘慕裳获得女子个人型铜牌，中国台湾选手文姿云获得女子-55公斤级铜牌。

2021年8月6日，在东京奥运会空手道比赛中，尹笑言获得女子-61公斤级银牌，为中国空手道队获得首枚奥运奖牌。

2021年8月7日，东京奥运会空手道项目第三个比赛日，中国选手龚莉获得女子组手+61公斤级铜牌。

五、以赛促练的中国空手道赛事

（一）全国空手道锦标赛（系列赛）

全国空手道锦标赛（系列赛）是全国空手道比赛系列中规模最大的赛事活动之一，自2007年开始，由国家体育总局拳击跆拳道运动管理中心、中国空手道协会（Chinese Karatedo Association，CKA）主办，每年在中国的不同城市举办一届。比赛采用世界空手道联盟竞赛规则，共分为成年、青年、少年三大组别。2018年改为锦标系列赛，每年举办4站，以4站的总积分作为锦标赛的成绩。

（二）全国空手道冠军赛

全国空手道冠军赛是全国空手道比赛系列中规格和技术含金量最高的赛事活动之一，自2007年开始，由国家体育总局拳击跆拳道运动管理中心、中国空手道协会主办，每年11—12月在中国不同的城市举办一届。一般要求参赛选手为全国空手道锦标赛（系列赛）中有成绩者，专业性要求较高。

（三）全国青少年空手道锦标赛（系列赛）

全国青少年空手道锦标赛（系列赛）是全国空手道比赛系列中专门针对青少年爱好者举办的赛事活动之一，自2008年开始（当时为"全国大众空手道锦标赛"），由国家体育总局拳击跆拳道运动管理中心、中国空手道协会主办，每年在中国的不同城市举办一届。赛事形式也有别于锦标赛和冠军赛，具有一定的灵活度和变动性，以提高青少年参与热情，增强对空手道的认识，培养技术能力为主体的赛事活动之一。2018年改为青少年锦标系列赛，每年举办3站，以3站的总积分作为锦标赛的成绩。

（四）中国大学生空手道锦标赛

中国大学生空手道锦标赛是由教育部主管，中国大学生体育协会批准，中国空手道协会指导，大体协空手道分会主办的赛事活动。自2010年开始举办，每年在中国的不同城市举办一届，是代表中国大学生最高技术水平的空手道赛事，也是中国青年空手道最高技术水平的赛事活动之一，深受广大高校学子喜爱。

（五）全国空手道俱乐部公开赛（争霸赛）

全国空手道俱乐部公开赛（争霸赛）是面向广大的空手道爱好者，进行体育空手道普及、推广、提高与交流的赛事平台。由中国空手道协会主办，自2012年开始，每年在中国的不同城市举办一届。赛事活动以世界空手道联盟竞赛规则为技术指导方向，以技术能力划分等级组别为赛事结构基础，宽年龄层（6~45岁）、多能力组（初级别组—黑带组）的赛事特色以及灵活而有趣的赛项设置和丰富而富于挑战的各种奖励方法，有效提升空手道爱好者的参与热情，倡导重在参与的运动精神。2019年改为分站赛,在全国各地设置8~10站的比赛并于年底举办总决赛。

(六)全国全接触空手道锦标赛

全国全接触空手道锦标赛由中国空手道协会主办,自2017年起每年在不同的城市举办一届,是中国全接触空手道比赛的最高规格比赛。

(七)全国全接触空手道冠军赛

全国全接触空手道冠军赛由中国空手道协会主办,自2017年起每年在不同的城市举办一届,是中国全接触空手道比赛的最高规格比赛。

第三章　空手道级段位晋级考试内容与要求

第一节　中国空手道级段位概况

中国空手道协会成立之初就引进级段位制度，为空手道的普及与发展奠定了基础。2020年底，中国空手道协会修订印发了《中国空手道协会级、段位管理办法》，进一步规范大众空手道运动技能等级标准管理，为中国空手道的长远发展打下了政策基础。

一、空手道的级位、段位分类与组成

中国空手道协会技术评定实行级位、段位制度。级位、段位是评价习练者技术水平和精神意志素养的重要标准。级位从低到高共设九级，段位从低到高共设十段（表3-1）。

表3-1　空手道级位、段位表

等级	级位等级	道带颜色	等级	段位等级	道带颜色
初级级位	九级	白色带	初级段位	初段	黑带
	八级	黄色带		二段	黑带
	七级	橙色带		三段	黑带
中级级位	六级	绿色带	中级段位	四段	黑带
	五级	蓝色带		五段	黑带
	四级	紫色带		六段	黑带
高级级位	三级	棕色带		七段	黑带
	二级	棕色带	高级段位	八段	红带
	一级	棕色带		九段	红带
				十段	红带

（一）级位

级位等级以道带颜色分为初级级位、中级级位和高级级位。

1. 初级级位

初级级位为九级、八级、七级，道带颜色依次为白色、黄色、橙色。

2. 中级级位

中级级位为六级、五级、四级，道带颜色依次为绿色、蓝色、紫色。

3. 高级级位

高级级位为三级、二级、一级，道带颜色为棕色。

（二）段位

段位等级主要以证书和腰带分为初段位、中段位和高段位。

1. 初段位

初段位为初段、二段、三段，腰带颜色为黑色。

2. 中段位

中段位为四段、五段、六段、七段，腰带颜色为黑色。

3. 高段位

高段位为八段、九段、十段，腰带颜色为红色。

二、空手道级位晋升要求

空手道习练者级、段位一般应逐级逐段晋升，达到标准，考核通过后颁发证书。习练者晋升级位考试标准执行《中国空手道协会晋级考试大纲》，一般逐级晋升，申请上一级晋级考试须持有下一级证书。一般要求：

①应试者必须身体健康，原则上年满五周岁以上；

②不满18周岁的未成年人，须取得监护人同意；
③须着空手道服；
④严格遵守考试纪律；
⑤获得一级级位证书者，符合条件的，可参加中国空手道协会组织的晋段考试。

三、空手道段位晋级要求

中国空手道段位授予主要是依据申请者的综合素养、训练年限、理论水平、技术水平、年龄、比赛成绩以及对中国空手道事业做出的贡献等综合评定。空手道习练者晋段考试标准执行《中国空手道协会晋段考试大纲》，段位一般应逐级申请。申请条件如下：

①应试者必须身体健康，品德优良，无负面和不良记录，满足本管理办法中要求的晋升段位的条件；
②不满18周岁的未成年人，须取得监护人同意；
③须着空手道服；
④考试全程录像，不得中断和剪辑，留存备查；
⑤严格遵守考试的各项纪律。

此外，申请上一段位须持有下一段位证书并达到一定年限。晋段年限以上一次授予段位的时间计算，申请晋升三段的习练者年龄一般不低于20周岁。晋段年限要求如表3-2所示。

表3-2 中国空手道段位晋升年限要求表

段位	晋升年限
初段	取得一级级位1年以上
二段	一般取得初段1年以上
三段	一般取得二段2年以上
四段	一般取得三段3年以上
五段	一般取得四段5年以上
六段	一般取得五段6年以上
七段	一般取得六段7年以上
八段	授予突出贡献者
九段	授予特殊贡献者
十段	授予功勋贡献者

四、空手道级位段位破格规定

（一）越级考试的规定

①年龄满12周岁以上者，经考试合格，可越级晋升，每次越级不得超过2级，半年内不得连续参加越级考试。

②年龄满15周岁以上，参加武道类训练2年以上者，能提供相关证明，经考试合格，可申请1级级位。

（二）授予段位的规定

授予段位是指为中国空手道事业在国际交流、为国争光、技术革新、社会推广、市场繁荣等方面做出重要贡献的国际友人、专家、学者，以及国内外教练、裁判、运动员等人士，授予相应段位。

1. 特殊贡献者

项目从业者、国际友人、专家学者、企业家等，为中国空手道事业发展做出重大贡献者，原则上可授予十段段位。

2. 行业突出贡献者

中国空手道协会主席，从事空手道专业领域者，可授予九段、十段段位；中国空手道协会主席，非专业领域从业经历者，原则上可授予七段、八段段位；中国空手道协会副主席、秘书长，履职5年以上者，原则上可授予六段、七段段位；各省级（区、市）空手道协会主席、企业负责人以及其他机构负责人，从事空手道事业5年以上者，可授予四段、五段段位。

3. 运动员授予段位的标准

在奥运会、世锦赛比赛中获得冠军者，原则上可授予六段、七段段位；在奥运会比赛获得前6名、世锦赛比赛中获得前3名、亚运会比赛获得前3名者，原则上可授予五段段位；在青奥会、K1-超级联赛、亚锦赛、世青赛获得前3名者，原则上可授予四段段位；在K1-A系列赛、K1青年赛前3名者，全运会、冠军赛总决赛获得冠军者原则上可授予三段段位；培养出运动员获得上述成绩，有2年以上的主管教练经历者，原则上可授予与运动员相应的段位；以赛事成绩申请段位，原则上4年内有效。

4. 其他

其他情况下，为中国空手道事业做出特殊贡献者，经综合评定后，授予相应段位。

5. 综合评判

授予六段以上段位须经中国空手道协会级段位委员会讨论提名，报中国空手道协会执委会批准；授予三段至五段段位者，须本人申请，经中国空手道协会级段位委员会批准。

第二节　晋级考核内容与要求

一、九级

（一）礼仪（口述）

①进馆礼仪（进馆礼、国旗礼、老师礼）；
②立礼、坐礼的标准要求；
③道服穿戴的标准要求。

（二）基本功

1. 步型

口述两种本流派主要步型的标准要求。

2. 防守技法

①原地站立下段格挡（左右各2次）；
②原地站立上段格挡（左右各2次）。

3. 攻击技法

①原地站立中段前冲拳（左右各2次）；
②原地站立中段前刺踢（左右各2次）。

（三）空手道专业课堂术语（口试）

押忍，正面行礼，相互行礼，老师，前辈，请指教，感谢等。

二、八级

（一）礼仪（演示）

①道服的整理；
②道带的系法。

（二）基本功

1. 步型

口述并演示三种本流派主要步型的标准要求。

2. 必考技法

前冲拳（结合流派步型的"顺冲拳""逆冲拳"）。

3. 自选技法

结合流派步型和技术要求演练各流派"手技""足技"单一动作各2组（可参考本书"基本技术"相应章节）。

（三）型

演练各流派初级别"型"一套（可参考本书"型"相应章节）。

（四）组手

约束三本组手（上段、中段）。

（五）空手道专业课堂术语（口试）

1~10，预备，开始，转身，停止，恢复（收回），发声等。

三、七级

（一）基本功

1. 步型

口述并演示四种本流派主要步型的标准要求。

2. 必考技法

上段格挡（结合流派步型和技术要求）、手刀格挡（结合流派步型和技术要求）。

3. 自选技法

结合流派步型和技术要求演练各流派"手技""足技"单一动作各3组（可参考本书"基本技术"相应章节）。

（二）型

演练各流派初级别"型"二套（可参考本书"型"相应章节）。

（三）组手

约束三本组手（上段、中段）。

（四）空手道专业课堂术语（口试）

基本功（主要动作术语），型，组手等。

四、六级

（一）基本功

1. 步型

口述并演示五种主要步型的标准要求。

2. 必考技法

前刺踢（结合流派步型和技术要求）、足刀踢（结合流派步型和技术要求）。

3. 自选技法

结合流派步型和技术要求演练各流派"手技""足技"单一动作各4组（可参考本书"基本技术"相应章节）。

（二）型

演练各流派初级别"型"二套（可参考本书"型"相应章节）。

（三）组手

约束一本组手［进攻方使用冲拳（顺、逆、前手拳等）进行上段、中段的进攻］。

（四）空手道专业课堂术语（口试）

本流派的初级别"型"名称。

五、五级

（一）基本功

1. 必考技法

旋转踢（结合流派步型和技术要求）、后踢（结合流派步型和技术要求）。

2. 自选技法

结合流派步型和技术要求演练各流派"手技""足技"组合动作各2组。

（二）型

1. 必考

演练各流派初级别"型"一套（可参考本书"型"相应章节）。

2. 抽查

各流派初级别"型"一套（可参考本书"型"相应章节）。

（三）组手

约束一本组手（进攻方可使用"前刺踢、足刀踢、旋转踢"中两种不同腿法进行中段进攻）。

（四）体能

①抱头起（男20个、女15个、儿童6个）。
②俯卧撑（男8个、女4个、儿童2个）。

（五）空手道专业课堂术语（口试）

世界空手道联盟官方"型"名称（可参考本书"空手道比赛规则"相应章节）。

六、四级

(一) 基本功

1. 必考技法

顺、逆冲拳的组合技法各一组(结合流派步型和技术要求)。

2. 自选技法

结合流派步型和技术要求演练各流派"手技""足技"组合动作各2组(可参考本书"基本技术"相应章节)。

(二) 型

1. 必考

演练各流派高级别"型"一套(可参考本书"型"相应章节)。

2. 抽查

各流派初级别"型"一套(可参考本书"型"相应章节)。

(三) 组手

任意一本组手[进攻方可使用"冲拳(顺、逆、前手拳)、前刺踢、旋转踢"中的任何一种技法进行中段、上段的进攻]。

(四) 体能

①两头起(男15个、女10个、儿童6个)。
②拳卧撑(男8个、女5个、儿童3个)。

（五）空手道专业裁判术语（口试）

比赛开始，停止，继续开始，15秒，平局，先手，弃权等。

七、三级

（一）基本功

1. 必考技法

上、中、下格挡的组合技法各一组（结合流派步型和技术要求）、手刀格挡的组合技法一组（结合流派步型和技术要求）。

2. 自选技法

结合流派步型和技术要求演练各流派"手技""足技"组合动作各2组（可参考本书"基本技术"相应章节）。

（二）型

1. 必考

演练各流派高级别"型"二套（可参考本书"型"相应章节）。

2. 抽查

各流派初级别、高级别"型"各一套（可参考本书"型"相应章节）。

（三）组手

任意一本组手［进攻方可使用"冲拳（顺、逆、前手拳）、前刺踢、旋转踢"中的任何一种技法进行中段、上段的进攻］。

（四）体能

①两头起（男20个、女15个、儿童8个）。
②拳卧撑（男10个、女8个、儿童5个）。

（五）空手道专业裁判术语（口试）

1~3分，红方，蓝方，忠告，警告，犯规注意，犯规，失格等。

八、二级

（一）基本功

1. 必考技法

前刺踢、足刀踢、旋转踢的组合技法各一组（结合流派步型和技术要求）。

2. 自选技法

结合流派步型和技术要求演练各流派"手技""足技"组合动作各2组（可参考本书"空手道基本技术"相应章节）。

（二）型

1. 必考

演练高级型一套（可参考本书"型"相应章节）。

2. 抽查

演练各流派高级别"型"一套（可参考本书"型"相应章节）。

（三）组手

自由组手1分钟（在规定时间内完成2个以上标准的"1分"技术）。

（四）体能

①两头起（男25个、女20个、儿童10个）。
②拳卧撑（男15个、女10个、儿童6个）。

（五）裁判法（口述）

①"组手"比赛中得分的6个标准。
②"型"比赛中判定胜劣的8个标准。

九、一级

（一）基本功

前屈立逆冲拳（原地、目标靶，左右各5次）。

（二）型

演练高级型两套（自己申报）。

（三）组手

自由组手1分钟（在规定时间内完成标准的"1分"和"2分"技术各1次以上）。

（四）体能

8米往返跑6次（男 ※秒、女 ※秒、儿童 ※秒以内合格）。

（五）裁判法（口试）

"组手"比赛中得分（三种）与禁止行为（二类）的分类和内容。

第三节 晋段考核内容及要求

一、一段

（一）基本功

"手技""足技"中的组合技法各4组（结合流派步型和技术要求）。

（二）型

演练"指定型"中的两套。

（三）组手

自由组手1分钟（在规定时间内完成"1分"动作3次以上）。

（四）其他

①空手道常识问答（口试或笔试）。
②发表自己对"道"的感想文章（限200字以内）。

二、二段

（一）基本功

"手技""足技"中的组合技法各4组（结合流派步型和技术要求）。

（二）型

演练高级型两套（自己申报）。

（三）组手

自由组手1分钟（在规定时间内完成"2分"动作1次以上）。

（四）其他

空手道技术知识问答（口试或笔试）。

三、三段

（一）基本功

"手技""足技"中的组合技法各5组（结合流派步型和技术要求）。

（二）型

1. 必考

演练高级型一套（自己申报）。

2. 抽查

初、高级别"型"中的一套。

（三）组手

自由组手1分钟（在规定时间内完成"3分"动作1次以上）。

（四）其他

空手道裁判知识问答（口试或笔试）。

四、四段

（一）基本功

分解演练4～6种基本技术组合（限2分钟以内）。

（二）型

演练高级型一套（自己申报），并现场质疑答辩。

（三）组手

自由组手1分钟。

（四）其他

发表技术研究报告（限2分钟以内）。

五、五段

（一）型

分解演练高级型一套（自己申报），并现场质疑答辩。

（二）组手

自由组手1分钟。

（三）其他

发表技术研究报告（限5分钟以内）。

六、六段

（一）型

分解演练高级型一套（自己申报），并现场质疑答辩。

（二）组手

自由组手1分钟。

（三）其他

发表技术研究报告（限5分钟以内）。

七、七段、八段、九段、十段

由中国空手道协会技术委员会进行推荐并评定。

八、考核要求

等级	等级要求	测评方法	测评重点	测评结果	概括
初段至三段	学习、掌握空手道的一般性技术，并可对基础性技术进行综合性的充分运用	1. 基本动作 2. "指定型"+"初级型" 3. 自由组手 4. 陈述对"道"的理解	1. 基本动作的准确性和力度掌握 2. 对"型"的全面认识和理解 3. 对组手技术的综合性掌握 4. 重申"道"的重要性	1.基本动作与"型"明显错误超过2次以上 2. 组手技术无法得到正确运用 3. 有以上任何一条现象者，无论其他部分完成结果如何，均为不合格	夯实基础积累经验

（续表）

等级	等级要求	测评方法	测评重点	测评结果	概括
四段至六段	全面地掌握空手道技术，并理解其使用原理。技术水平已进入高水准阶段，可充分运用基础性技术并形成自己的风格和特点。具有指导他人技术的资质	1. 分解动作 2. "高级型"演练及技术答辩 3. 自由组手 4. 发表技术研究报告	1. 对技术运用有较全面的认识 2. 对"型"的技术原理有充分的理解并能高水准地进行演练 3. 具备较高水准的组手综合能力（运用能力和控制能力） 4. 有价值的技术研究	1. "型"有明显演练错误，并无法对技术原理做出合理说明和充分运用 2. 组手技术无法高水准地进行发挥与运用 3. 有以上任何一条现象者，无论其他部分完成结果如何，均为不合格	运用经验展示自我
七段至十段	全身心地融入空手道修业中，心与技融为一体，技艺精湛，成果丰硕。对空手道事业做出巨大贡献			由中国空手道协会技术委员会推荐、审评	心·技·体

第四章　空手道基本技术

第一节　空手道着装与礼节

一、着装

空手道练习者一般穿纯白无条纹无滚边的道服。上衣系上腰带后下摆的长度需遮盖臀部，长不超过大腿的四分之三，袖子的长度不能长过手腕，不得短于前臂的一半，袖子不能卷起，裤子的长度不超过踝关节，不短于小腿的三分之二，同时裤腿也不能卷起。

二、腰带的系法

①腰带存放时一般对折两次（图4-1）。

②取出腰带，两手虎口相对握住腰带中点的两侧，使中点对准腹前中点约肚脐的位置（图4-2）。

图4-1

图4-2

③两手握住腰带向身后滑动并使腰带重叠，右手持的在下，左手持的在上，双手交换腰带，双手向前继续滑行并把腰带的两端拉到身体前方（图4-3）。左边腰带的一端往中点处重叠并压住腰带的中点，右边腰带压住左手的腰带并换

手(图4-4),然后左手持外层腰带的一端从下往上穿过两层腰带,双手用力调整好腰带的松紧度(图4-5)。

图4-3

图4-4

图4-5

④两手翻转腰带在腹前交叉,右手在下,左手在上(图4-6)。

⑤左手捏住腰带的重叠处,右手持右边腰带的一端从两腰带交叉后形成的拱形中穿过并抓住下垂的腰带(图4-7)。

⑥双手各持腰带一端,用力拉紧使腰带打结(图4-8)。

⑦整理打结处,使腰带两端长度一致并使腰带优美地下垂(图4-9)。

图4-6

图4-7

图4-8

图4-9

三、礼节

空手道在训练中强调以礼始、以礼终。它的礼节有立礼和坐礼。

（一）立礼

①两脚跟并靠，两脚尖呈60°分开，两手轻放在两侧，手心向里，立腰拔背，目视前方（图4-10）。②直视对方（或前方），上身呈30°鞠躬，头与躯干保持一线，目视斜前方，眼睛的余光看着对手（或前方）（图4-11、图4-11附）。③保持30°角度鞠躬1秒后，恢复原来的姿势。

图4-10

图4-11

图4-11附

（二）坐礼

①两脚跟并拢，两脚尖呈60°分开，两手轻放在两侧，手心向里，立腰拔背，目视前方（图4-12）。②左脚往后一小步，脚前掌着地，然后屈膝下蹲使左膝跪在地上（图4-13）。③右膝跪在地上并保持两膝之间相距两拳的距离，右脚脚前掌着地（图4-14）。④把脚尖放平，脚背朝下，收膝后坐，两脚大踇趾并在一起，臀部

坐在两脚跟上，两手虎口向内收放于两大腿上（图4-15）。⑤左右手依次放在膝前，虎口斜向内，保持直背，屈肘微低头行礼，臀部不要离开脚跟（图4-16—图4-18）。⑥恢复站立姿势时，先收回右手，再收回左手，两脚脚前掌着地后，要先收回右脚再收回左脚（图4-19—图4-23）。

图4-12

图4-13

图4-14

图4-15

图4-16　　　　　　　图4-17　　　　　　　图4-18

图4-19　　　　　　　图4-20

图4-21　　　　　　　图4-22　　　　　　　图4-23

第二节　基本手型、足型

一、基本手型

（一）握拳方法

伸出手指，四指并拢，拇指伸开；四指向内弯曲，拇指保持分开；四指继续弯曲握紧，拇指保持不动；拇指弯曲扣于食指与中指第二关节上，拳面和拳背要平（图4-24—图4-29）。拳的虎口侧及拳底侧见图4-28、图4-29。

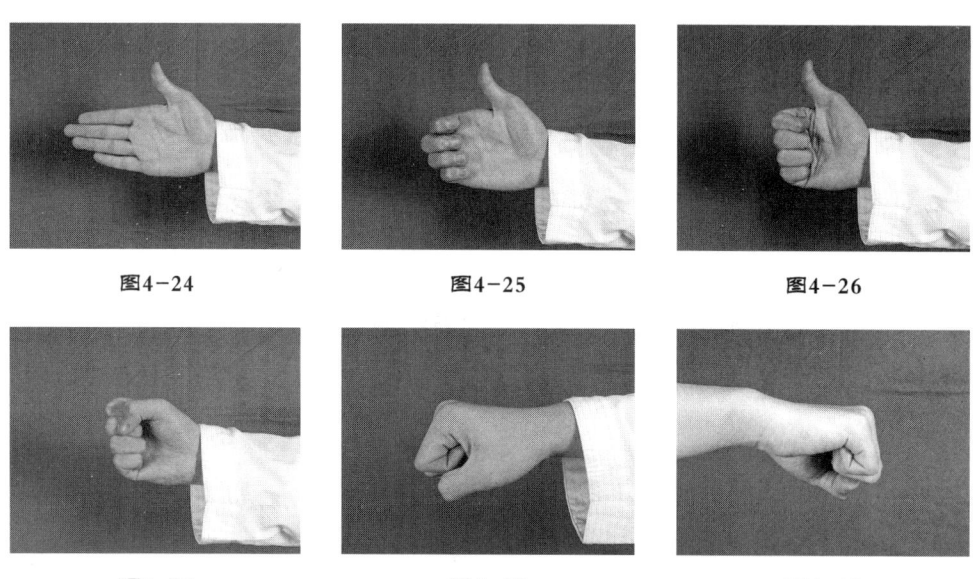

图4-24　　　　　　　图4-25　　　　　　　图4-26

图4-27　　　　　　　图4-28　　　　　　　图4-29

（二）正拳

正拳是实战技法中使用较多的拳法。攻击的接触点在食指与中指的第三关节，这两点与手背、手腕和手臂成一直角。正拳出击时拳从腰间旋臂向前快速打出（图4-30、图4-31）。

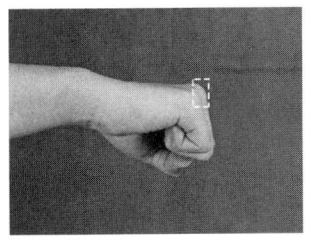

图4-30

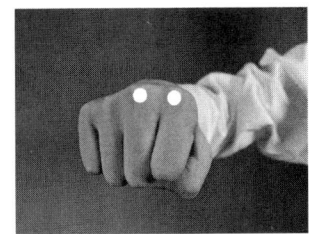

图4-31

（三）锤拳

锤拳的握法与正拳相同，攻击点在拳的小指侧。拳自上而下快速锤打，手臂伸直，臂抡成立圆（图4-32）。

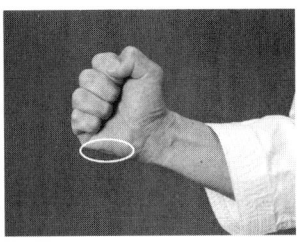

图4-32

（四）反拳

反拳又称裹拳，攻击点在拳的第三指关节上，多用来击打对方的面部或太阳穴。反拳出击时手臂弯曲，拳心向后快速向前推打（图4-33）。

图4-33

（五）平拳

平拳握拳时拇指弯曲内扣，其余四指第三指关节伸直，第一、第二关节弯曲，手心尽量张开，拇指指尖按住食指指尖。平拳用于击打对方的脸颊、耳门、太阳穴等要害部位（图4-34、图4-35）。

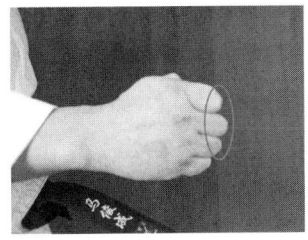

图4-34

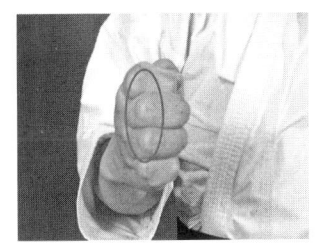

图4-35

（六）手刀

手指并拢并略微弯曲，拇指内扣，击打点在小指侧部肉较多的部位。用来击打对方颈部、手腕等部位，也可用于格挡（图4-36）。

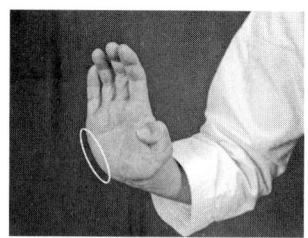

图4-36

（七）背刀

使用手刀的反面即拇指侧部位击打，攻击对方的太阳穴、眉间或者颈部（图4-37）。

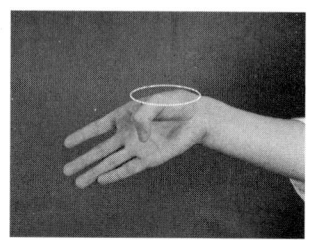

图4-37

（八）掌底

拇指弯曲内扣，其余四指第一、二关节弯曲，手心尽量外展，第三指关节伸直，手心与手腕垂直，攻击点在手心下部（图4-38）。

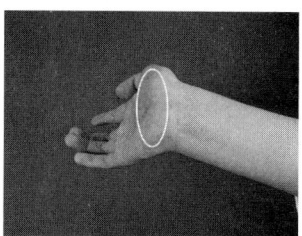

图4-38

（九）贯手

拇指弯曲内扣，其余四指伸直与手臂在一条直线上，攻击点在四指的指尖，多用来攻击对方的眼睛、咽喉、心窝等部位（图4-39）。

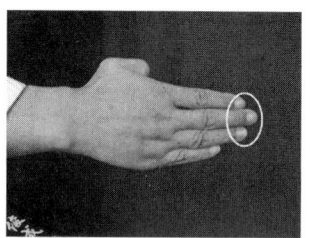

图4-39

（十）背手

手成掌，用手掌背部击打对方（图4-40）。

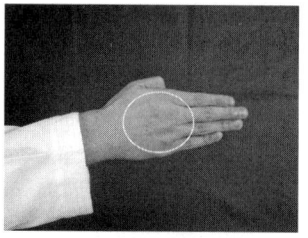

图4-40

（十一）腕刀

使用手臂的下缘作为攻击部位攻击对手的颈部（图4-41）。

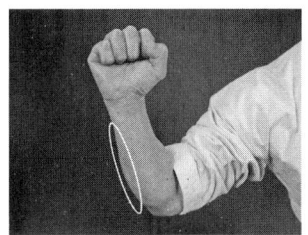

图4-41

（十二）表小手

从手腕外侧到肘关节处的部位，主要作为防御部位格挡对方的攻击（图4-42）。

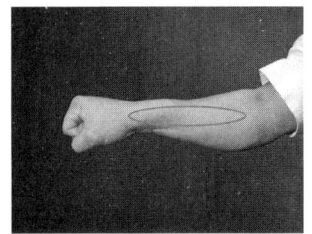

图4-42

（十三）裹小手

从手腕内侧到肘关节的部位，主要用于防御对方的攻击（图4-43）。

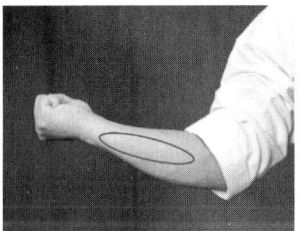

图4-43

（十四）肘

手握紧拳头，前臂弯曲与上臂相靠，攻击点在肘尖，用于攻击对方的头面部、胸部和腹部（图4-44）。

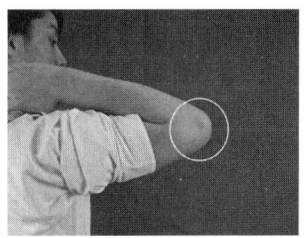

图4-44

（十五）熊手

握平拳，使用拇指以外的四指的第二关节点作为攻击点，第三关节尽量向外展开，拇指指尖紧贴食指指尖，用于攻击对方的面部或者抓挠对方的眼睛（图4-45）。

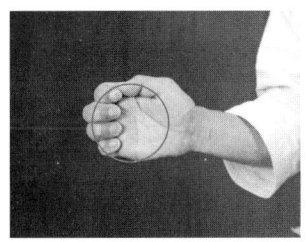

图4-45

（十六）一本拳

握拳时把食指的第二指关节高高突起，用拇指腹部顶住食指指尖，和中指一起用力紧紧夹住。拳的力点在食指的第二指关节，用于击打人中、眉间、眼睛、太阳穴、心窝等重要部位（图4-46）。

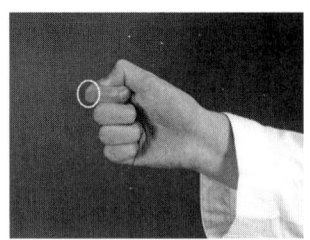

图4-46

（十七）中高一本拳

握法与握拳基本相同，只是让中指高高突起。拳的力点在中指的第二指关节，用法与一本拳相同（图4-47）。

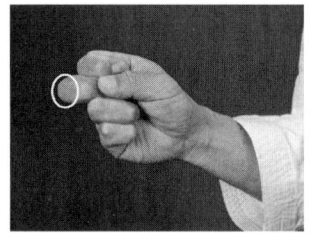

图4-47

（十八）一本贯指

食指稍屈伸出，其他手指第一、第二指关节卷曲。用来攻击鼻孔或眼睛（图4-48）。

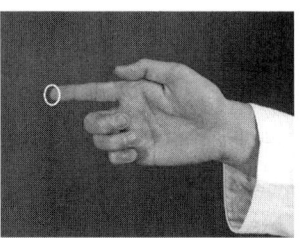

图4-48

（十九）二本贯指

食指和中指稍屈伸出，其他手指第一第二指关节卷曲。用来攻击穴位、眼睛等容易点中的部位（图4-49）。

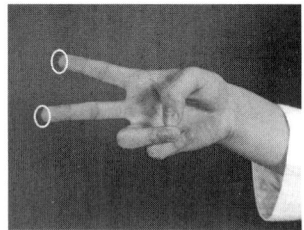

图4-49

（二十）鸡头

屈腕使拇指侧面和手腕在一条直线上，突出拇指根部，力点在拇指的根部，用来击打肋骨或冲出的手臂（图4-50）。

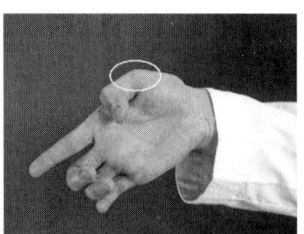

图4-50

（二十一）鹤头

五指捏拢屈腕，用弯曲的手腕顶部击打目标，比如下颌、面部等（图4-51）。

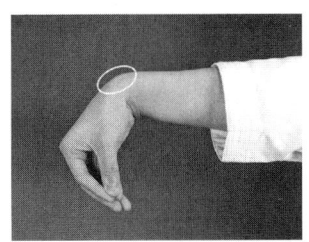

图4-51

（二十二）鹭手

五指捏拢，力点在捏拢的五指指尖上，用以攻击咽喉、太阳穴等要害部位（图4-52）。

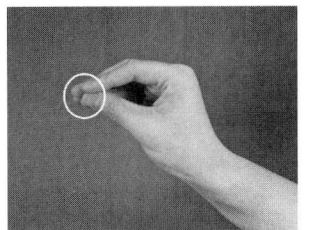

图4-52

（二十三）虎口

拇指和食指分开成弧形，其余三只弯曲内扣，使用虎口部位攻击对手的脖子、关节等部位（图4-53）。

图4-53

二、基本足型

（一）前足底

脚趾上翘，使脚趾的跟部展开，亦称脚前掌。在使用中，多表现在前刺腿、横刺腿和猫足立中。前足底多用来攻击对方的下颌、胸部、腹部以及后背等（图4-54）。

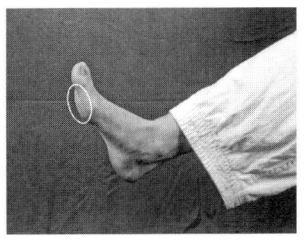

图4-54

（二）足刀

脚勾起与小腿垂直，脚小趾外侧到脚跟部位为足刀，用于攻击对手的下颌、面部、颈部、腹部、肋部、膝及小腿等部位（图4-55）。

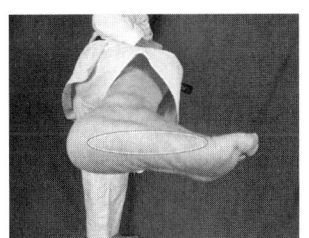

图4-55

（三）后足底

脚勾起时脚的脚跟部位，用以击打对方的面部、胸部、腹部及膝和小腿等部位（图4-56）。

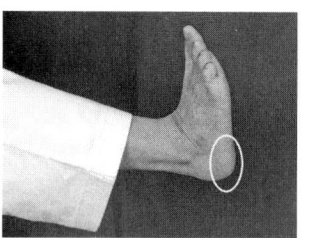

图4-56

（四）足背

踝关节外展，脚趾向下弯曲，脚趾至踝关节之间的部位。用以攻击对方的头部、颈部、胸背部、两肋部、裆部等部位（图4-57）。

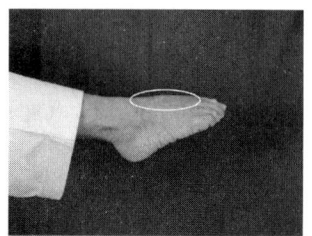

图4-57

（五）足尖

脚趾向下弯曲时脚趾的关节部位，主要用于攻击对方下颌、裆部等部位（图4-58）。

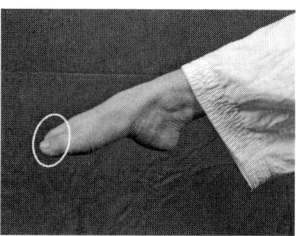

图4-58

（六）膝

即腿的膝关节，用来攻击对方的头部、胸部、裆部等部位，也可以用来防守对方的低踢腿进攻（图4-59）。

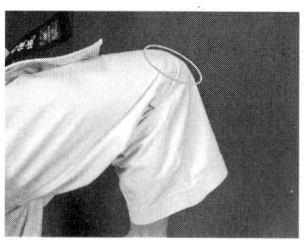

图4-59

（七）正足底

即脚的脚心位置，可以用来攻击对方的头部、胸部、腿部等部位，也可以用来阻止对方的进攻（图4-60）。

图4-60

第三节 基本站立

（一）闭足立

双脚的脚跟、脚尖相互靠近，两腿并拢伸直（图4-61）。

图4-61

（二）结立

结立即立正站立。两脚跟靠拢，脚尖张开约60°，两腿并拢伸直（图4-62）。

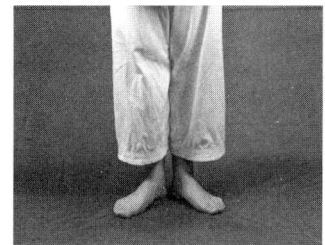

图4-62

（三）平行立

从结立姿势开始，两脚跟向外移动到两脚平行的状态（图4-63）。

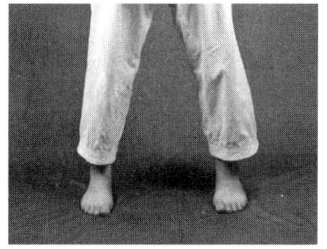

图4-63

（四）外八字立

从结立姿势开始，使脚跟打开与肩同宽，脚尖打开角度约60°（图4-64）。

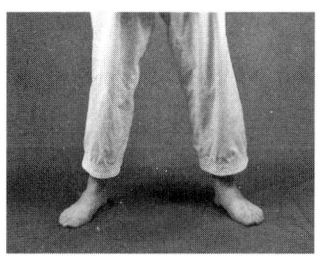

图4-64

（五）内八字立

两脚分开，使两脚尖轻微内扣，沉腰使膝盖与足尖在一直线上，两脚跟的距离与肩同宽（图4-65）。

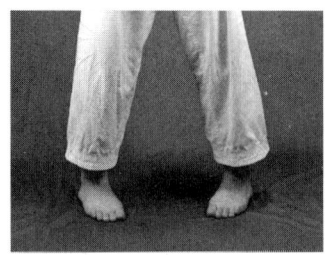

图4-65

（六）骑马立

两脚分开，两脚外缘平行，两脚跟的距离约为一小腿屈膝下跪加三拳的距离，两膝弯曲并向两侧外展，膝关节前端尽量与大脚趾垂直，重心在两腿中央（图4-66）。

图4-66

（七）四股立

两脚之间的距离为一小腿屈膝下跪加三拳的距离，两脚打开呈约90°的夹角，小腿垂直于地面（图4-67）。

图4-67

（八）"L"字立

前脚正对前方，与后脚跟紧贴在一起，后脚外展约45°（图4-68）。

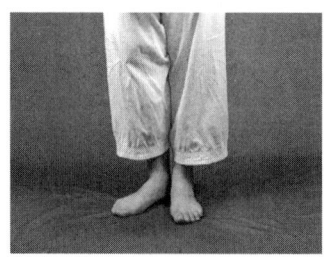

图4-68

（九）基本立

从结立状态开始，两脚打开相距一足的距离，然后一脚向前上步，脚尖略内扣，小腿垂直于地面，两脚前后距离为后腿屈膝下跪后与前脚跟基本接触（图4-69、图4-69附）。

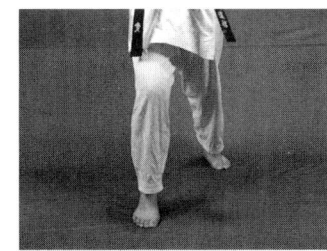
图4-69

图4-69附

（十）前屈立

两脚左右的距离为一脚的距离，前腿弯曲，脚尖微内扣，后腿伸直，脚尖内扣。前腿小腿与地面垂直，两脚的前后距离为后腿屈膝下跪后与前脚跟大约三拳的距离，重心按7∶3的比例分于前后腿（图4-70、图4-70附）。

图4-70

图4-70附

（十一）后屈立

与前屈立相似，前腿伸直，脚尖内扣，后腿屈膝并外撑站立，两脚跟在一条直线上。两脚平行，两脚的距离与前屈立相同。重心按7∶3的比例分于后前腿（图4-71、图4-71附）。

图4-71

图4-71附

（十二）猫足立

后腿脚尖外展45°，屈膝，前脚脚掌着地，脚跟抬起与地面保持垂直，髋关节内收，重心位于身体中心，后腿承受体重的七成，前腿承受体重的三成（图4-72、图4-72附）。

图4-72　　　　图4-72附

（十三）交叉立

前腿弯曲，全脚着地，使膝盖与脚尖呈一直线，后腿脚跟抬起膝盖弯曲紧靠在前腿膝盖后膝窝内，前脚跟与后脚脚尖在一条水平线上（图4-73、图4-73附）。

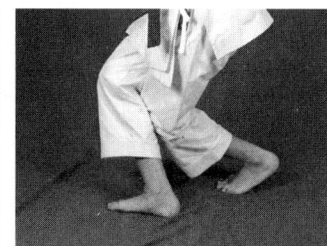

图4-73　　　　图4-73附

（十四）三战立

前脚的脚尖内扣，后脚的脚尖朝向正前方，沉腰使膝盖与脚尖在一条直线上，前脚脚跟与后脚脚尖保持在同一水平线上，两脚前后距离为后腿屈膝下跪与前脚脚跟基本接触。双膝内扣，重要的是要提收肛门（图4-74、图4-74附）。

图4-74　　　　图4-74附

（十五）鹭足立

1. 单腿伸直支撑，另一腿膝关节抬起弯曲，使脚内侧附于另一腿膝关节内侧，脚背绷直（图4-75、图4-75附）。

2. 单腿微屈支撑，另一腿膝关节抬起弯曲，使脚背扣于另一腿膝关节后，脚背绷直（图4-76、图4-76附）。

图4-75

图4-75附

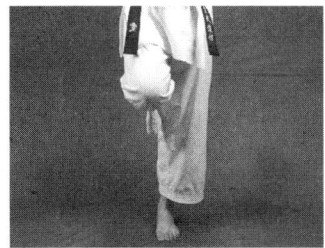
图4-76

图4-76附

第四节　基本手技

一、基本格挡

（一）平行立上段格挡

上体正直，两手握拳自然下垂于身体两侧略前；两脚平行立；目视前方（图4-77）。左拳向胸前伸出，拳心向里，拳眼向上；右拳从右腰侧旋转向前伸出，在胸前与左臂相交叉；左拳在内，右拳在外，身体朝正前方；目视前方（图4-78）。左拳外旋回撤抱于左腰上方，拳心朝上；右拳内旋经脸前斜向头上方架挡，拳心向前，拳眼斜向下；目视前方（图4-79）。左拳上格挡时动作要求与右拳上格挡相同，仅左右相反（图4-80、图4-81）。

图4-77　　　　　　　　图4-78

图4-79　　　　　　　图4-80　　　　　　　图4-81

（二）平行立中段内格挡

上体正直，两手握拳自然下垂于身体两侧略前；两脚平行立；目视前方（图4-82）。右拳上提置于右肩上，拳心向左；左手收于左肋间，拳心向上（图4-83）。右臂以肩关节为轴，斜向下从外向内划弧，右臂快速内旋，格挡到身体中线稍偏左一点，用手臂内侧部位格挡对手的攻击。此时拳心向里，拳眼向右（图4-84、图4-84附）。左臂内格挡动作与右臂内格挡动作相同，左右相反。

图4-82

图4-83

图4-84

图4-84附

（三）平行立中段外格挡

上体正直，两手握拳自然下垂于身体两侧略前；两脚平行立，相距与肩同宽；目视前方（图4-85）。左臂上抬至体侧前方，肘部约90°夹角，拳心向里，拳眼向左；右拳上提至左肋下，拳心向下，拳眼向里（图4-86）。右臂以肘关节为轴，右前臂外旋，经左臂下方向前用手臂内侧等部位格挡对手的进攻。此时肘尖向下，拳心向里；同时，左臂经右臂上方回撤置于左腰侧，拳心向上，拳眼向右（图4-87）。左臂外格挡与右臂外格挡动作相同，左右相反。

图4-85　　　　　　　　图4-86　　　　　　　　图4-87

（四）平行立下段格挡

上体正直，左拳收抱于右肩上方，拳心向里，拳眼向上（图4-88、图4-89）。右拳伸向下段，拳心向下，拳眼向左。左拳内旋从右肩斜向下划弧格挡至身体左侧前方，拳心斜向里，拳眼向右；同时右拳快速回收抱于右肋间（图4-90）。

右手格挡时，动作同上，手臂动作左右相反。

图4-88　　　　　　　　图4-89　　　　　　　　图4-90

（五）平行立手刀格挡

上体正直，两手握拳自然下垂于身体两侧略前；两脚平行立；目视前方（图4-91）。左手刀收于右肩前方，掌心向里，掌指斜向上。左手臂向前伸直微屈做手刀外格挡状，手刀斜向前，随即左手刀外旋从右肩前向前划弧格挡至身体左侧前方，手刀斜向前；同时右手刀快速收回贴靠在胸口处（图4-92、图4-93）。

右手手刀格挡时，动作同上，手臂动作左右相反。

图4-91

图4-92

图4-93

二、基本冲拳

（一）平行立中段冲拳

两脚平行立；两手握拳自然下垂于身体两侧略前；目视前方（图4-94）。左手抬起做中段冲拳状准备；右拳收到右肋间，拳心向上（图4-95）。右拳内旋向对手的胸口冲拳，拳心向下，拳面的着力点在食指、中指的第三关节处；同时，左臂收于左肋间，略微拧腰，把左肘肘尖向后顶，与右拳一前一后形成一种对拉张力，以腰带动使右拳的冲击力更大（图4-96）。如此左右拳反复、交替练习，可以提高冲拳的速度和力度。

图4-94　　　　　　　　　图4-95　　　　　　　　　图4-96

（二）平行立上段冲拳

两脚平行立；两手握拳自然下垂于身体两侧略前；目视前方（图4-97）。左手抬起做左上段冲拳状准备；右拳收到右肋间，拳心向上（图4-98）。右拳内旋向对手的下颌高度（或面部）冲拳，拳心向下，拳面的着力点在食指、中指的第三关节处；同时，左臂收于左肋间，略微拧腰，把左肘肘尖向后顶，与右拳一前一后形成一种对拉张力，并以腰带动增加右拳的冲击力（图4-99）。上段冲拳练习方法与中段冲拳一样，唯高度不同。

图4-97　　　　　　　　　图4-98　　　　　　　　　图4-99

（三）平行立下段冲拳

两脚平行立；两手握拳自然下垂于身体两侧略前；目视前方（图4-100）。左手抬起做左下段冲拳状准备；右拳收到右肋间，拳心向上（图4-101）。右拳内旋向对手的腹部高度冲拳，拳心向下，拳面的着力点在食指、中指的第三关节处；同时，左臂收于左肋间，略微拧腰，把左肘肘尖向后顶，与右拳一前一后形成一种对拉张力，并以腰带动增加右拳的冲击力（图4-102）。下段冲拳练习方法与中段冲拳一样，唯高度不同。

图4-100

图4-101

图4-102

（四）四股立上段、中段、下段冲拳

两脚分开，两腿屈膝成四股立。左拳收抱于左腰侧上方，左肘尖向后顶出；同时，右拳内旋、快速向对手的鼻尖或下颌高度冲拳（图4-103）。如此反复练习可以提高速度、力量和全身协调性。

四股立，中段冲拳的方法和要求与上段冲拳相同，只是拳的高度在胸口高度（图4-104）。

下段冲拳的方法和要求同上，只是冲拳的高度与自己的腰带同高，击打腹部的高度（图4-105）。

图4-103

图4-104

图4-105

（五）前屈立中段顺冲拳、逆冲拳

所谓顺冲拳，就是冲拳的手臂与跨出去的前脚是同一侧肢体，反之是逆冲拳。

右脚向前跨步成前屈立；同时，右拳内旋向前中段冲拳；左拳快速外旋收抱于左腰侧上方。要求上体正直，挺腰、沉气（图4-106）。

逆冲拳就是手脚的出击相反，动作方法相同。在上述顺冲拳的基础上，保持前屈立不动，冲左拳，同时右手收到右腰侧上方（图4-107）。

图4-106

图4-107

第五节　基本足技

（一）前刺腿

前刺腿用前足底攻击对方的面部、胸部及腹部等部位。

①左脚在前成左架格斗式站立；左手握拳在前约与肩同高，上、前臂夹角约120°；右手握拳在后约与胸口同高（图4-108、图4-108附）。②重心前移，提膝使大腿超过水平线，脚尖勾起（图4-109、图4-109附）。③向前送胯送腿，身体微后仰，脚尖伸直，脚趾勾起，力达前脚底（图4-110、图4-110附）。④快速收腿成提膝状，大致与动作②相同。⑤恢复到动作①的准备姿势。

图4-108

图4-108附

图4-109

图4-109附

图4-110

图4-110附

（二）弧形腿

①左脚在前成左架格斗式站立；左手握拳在前约与肩同高，上、前臂夹角约120°，右手握拳在后约与胸口同高（图4-111）。②重心前移，左脚外展，右腿提膝使大腿超过水平线（图4-112），接着小腿外展使脚踝高约臀部高度，膝关节斜朝左上方，脚背脚尖绷直（图4-113）。③转腰转胯使腿经侧呈弧形向左前打出，身体微侧倾，脚背绷直，脚趾向下弯曲，力达脚背（图4-114）。④快速收腿成提膝状，大致与动作②、③相同（图4-115、图4-116）。⑤恢复到动作①的准备姿势（图4-117）。

图4-111

图4-112

图4-113

图4-114

图4-115

图4-116

图4-117

（三）侧踹腿

①左脚在前成格斗式站立；左手握拳在前约与肩同高，上、前臂夹角约120°；右手握拳在后约与胸口同高（图4-118）。②重心前移，身体左转，左脚外撇，提膝使大腿超过水平线，并继续转身收膝，使右腿在体侧折叠，脚尖勾起（图4-119、图4-120）。③使右腿经侧向前打出，身体微侧倾，脚尖勾起，脚趾微上翘，力达后脚底（脚跟）（图4-121）。④快速收腿成提膝状，大致与动作②相同（图4-122）。⑤恢复到提膝并还原到动作①的准备姿势（图4-123、图4-124）。

图4-118

图4-119

图4-120

图4-121

图4-122

图4-123　　　　　　　　　图4-124

（四）后踢

①左脚在前成格斗式站立；左手握拳在前约与肩同高，上、前臂夹角约120°；右手握拳在后约与胸口同高（图4-125）。②重心前移，以左脚尖为轴，左脚跟外旋，身体向右后方转动，目视后方（图4-126）；同时提起右膝，使大小腿几乎折叠，脚尖勾起，头部稍向右后方转动（图4-127）。③右腿向后平伸后蹬，力达后足底，此时膝盖朝向左侧；同时上体下倾，头向右后转，目视攻击方向（图4-128、图4-128附）。④快速收腿成提膝状，大致与动作②相同。⑤向右转身恢复到动作①的准备姿势（图4-129）。

图4-125　　　　　　　　　图4-126

图4-127

图4-128

图4-128附

图4-129

（五）勾踢

①左脚在前成格斗式站立；左手握拳在前约与肩同高，上、前臂夹角约120°；右手握拳在后约与胸口同高（图4-130）。②重心前移，以左脚尖为轴，左脚跟外旋，右腿提膝（图4-131），接着右腿向左侧折叠，使大小腿几乎折叠，脚尖勾起。③右腿经左侧划弧向右摆动，力达前足底，此时膝盖朝向左侧；同时上体后倾，目视攻击方向（图4-132）。④快速收腿成折叠状，大致与动作②相同（图4-131）。⑤收腿恢复到动作①的准备姿势（图4-130）。

图4-130　　　　　　　　图4-131　　　　　　　　图4-132

（六）前踢

①左脚在前成格斗式站立；左手握拳在前约与肩同高，上、前臂夹角约120°；右手握拳在后约与胸口同高（图4-133）。②重心前移，左脚外撇，提膝使大腿超过水平线，脚尖绷直（图4-134）。③使右腿向前踢出，身体微后仰，髋关节向前送，脚尖绷直，力达脚背（图4-135）。④快速收腿成提膝状，大致与动作①相同（图4-136）。⑤恢复到动作①的准备姿势（图4-137）。

图4-133　　　　　　　　　　　图4-134

图4-135　　　　　　　　　图4-136　　　　　　　　　图4-137

第五章　空手道的型

空手道的型类似于武术的套路，是由中国传入琉球的武术套路改编而成。型作为空手道的重要组成部分，在空手道训练和修炼中不仅占有重要的地位，而且也是空手道升级考试中不可或缺的重要内容。型的技术能力和运动能力方面的提升，是建立在型单一基础动作的标准之上不断强化、提升、进阶，进而达到高水平过程的。竞技空手道比赛列表里有102套型，其实传统流派不仅仅这些型。著者根据糸东流糸洲会的型，选取平安初段到平安五段五个初级套路，十手、慈允两个中级套路，以及拔塞大、征远镇两个高级套路加以介绍，而这些型的练习恰恰可以让空手道入门者从白带达到黑带的入门水平。

第一节　初级型

平安型是糸洲安恒根据公相君系列的型改编成的5个初级套路，以方便在学校普及和推广。经过一百多年各类人群的练习表明，平安型确实是经过前人深思熟虑而改编出来的具有方便传播、方便记忆、老少皆宜优点的空手道套路群。平安型包括正拳、锤拳、摆拳、反拳、手刀劈、贯手、顶肘等手技进攻方法，又包含手臂的上、中、下、外、内等的格挡，还包括前刺踢、膝击等腿部进攻方法；步型有猫足立、基本立、前屈立、后屈立、四股立等，同时型中还蕴含着各种组合技法。因此练好初级型，打好空手道基础，对不断迈向更高的水平具有重要意义。

一、平安初段

①立正姿势，面向十二点方向（图5-1）。
②敬礼（图5-2）。
③结立（图5-3）。

④两脚尖内扣成闭足立；两手前掌交叉相叠于腹前，左手在上（图5-4）。左脚向左开步约肩宽一半的距离，右脚再向右开步约肩宽一半的距离，两脚成平行立，两手不动，目视前方（图5-5、图5-6）。

图5-1　　　　　　　　图5-2　　　　　　　　图5-3

图5-4　　　　　　　　图5-5　　　　　　　　图5-6

⑤两手握拳向后用力拉于两肋侧，拳心向上，力达两肘；目视前方（图5-7）。

⑥两拳由两肋间向前下方伸出，两臂伸直，拳面斜向下，两拳相距一到两拳的距离（图5-8）。

⑦以右前脚掌为中心向左转动90°，面向九点方向，左脚同时转动成猫足立；左臂弯曲划弧由内向外做外格挡；右臂经下向上成上格挡（图5-9）。

⑧保持猫足立不变；右臂经上向左下方进行下格挡，拳心朝上；左手顺势收于右上臂上方，拳心朝上；目视左方（图5-10）。

⑨两脚向左滑步，将猫足立变成平行立；同时左手向左平打，拳与肩同高，拳心朝下；右手顺势收于右肋间，拳心朝上；目视左方（图5-11）。

⑩以左前脚掌为中心向右转90°，面向三点方向；右脚同时转动成猫足立；右臂弯曲划弧由内向外做外格挡；左臂经下向上成上格挡（图5-12）。

图5-7

图5-8

图5-9

图5-10

图5-11

图5-12

⑪保持猫足立不变，左臂经上向右下方进行下格挡，拳心朝上；右手顺势收于左上臂上方，拳心朝上；目视右方（图5-13）。

⑫两脚向右滑步，将猫足立变成平行立；同时右手向右平打，拳与肩同高，拳心朝下；左手顺势收于左肋间，拳心朝上；目视右方（图5-14）。

⑬以左脚前掌为中心，向右转动90°成猫足立；同时右手做中段外格挡；左手收于左肋间，拳心朝上；目视六点方向（图5-15、图5-15附）。然后右腿做前刺踢动作（图5-16、图5-16附）。

图5-13

图5-14

图5-15

图5-15附

图5-16

图5-16附

⑭前刺踢完成之后迅速收腿下落，接着重心移动至右脚，向左转动180°成左猫足立；左手做手刀外格挡；右手收于心口，掌心斜向上（图5-17）。

⑮右脚上步成右猫足立；同时右手做手刀外格挡；左手收于心口，掌心斜朝上；目视前方（图5-18）。

⑯左脚上步成左猫足立；同时左手做手刀外格挡；右手收于心口，掌心斜朝上；目视前方（图5-19）。

⑰右脚向前上步成基本立；同时左手向前贯手，高度在胸口位置；目视前方（图5-20）。

⑱以右脚前掌为中心向左转动225°，重心落在右脚，成左猫足立；同时左手做手刀外格挡；右手收于胸口，掌心斜朝上；面朝四点半方向（图5-21）。

图5-17

图5-18

图5-19

图5-20

图5-21

⑲右脚向前上步，重心移到左脚，成右猫足立；同时右手做手刀外格挡；左手收于胸口，掌心斜朝上；面朝四点半方向（图5-22）。

⑳右脚抬起，向右转动90°成右猫足立；同时右手做手刀外格挡；左手收于胸口，掌心斜朝上；面朝七点半方向（图5-23）。

㉑左脚向前上步，重心移到右脚，成左猫足立；同时左手做手刀外格挡；右手收于胸口，掌心斜朝上；面朝七点半方向（图5-24）。

㉒向左旋45°转向六点方向成左前屈立；同时右手做外格挡；左手收于肋间，拳心向上（图5-25、图5-25附）。

图5-22

图5-23

图5-24

图5-25

图5-25附

㉓保持手臂不动,重心前移,右腿前刺踢(图5-26、图5-26附)。接着右脚落地成右前屈立;左手中段冲拳;右手收于肋间,拳心向上(图5-27、图5-27附)。接着左手做外格挡;右手收于肋间,拳心向上(图5-28、图5-28附)。

图5-26

图5-26附

图5-27

图5-27附

图5-28

图5-28附

㉔保持手臂不动,重心前移,左腿前刺踢(图5-29、图5-29附)。接着左脚落地成左前屈立;右手中段冲拳;左手收于肋间,拳心向上(图5-30、图5-30附)。

㉕右脚向前上步成右前屈立;同时右臂外格挡;左手握拳,拳心向上支撑于右前臂中间内侧(图5-31、图5-31附)。

图5-29

图5-29附

图5-30

图5-30附

图5-31

图5-31附

㉖以右脚掌为中心，向左转225°，面向十点半方向，左脚上步成左前屈立；同时左手臂做下段格挡；右手收于肋间，拳心向上（图5-32）。

㉗右脚向前上步成右前屈立；同时右手臂做上段格挡；左手收于肋间，拳心向上（图5-33）。

㉘右脚抬起向右转动90°面向一点半方向，落步成右前屈立；同时右手做下段格挡；左手收于肋间，拳心向上（图5-34）。

㉙左脚上步成左前屈立；同时左手做上段格挡；右手收于肋间，拳心向上（图5-35）。

㉚以右脚为轴左转，将左脚向右脚左边收回成平行站立；同时将两手握拳收于两肋侧，拳心朝上；目视一点半方向，保留残心（图5-36）。

㉛头转向十二点方向（图5-37）。

图5-32

图5-33

图5-34

图5-35

图5-36

图5-37

㉜两拳由两肋间向前下方伸出，两臂伸直，拳面斜向下，两拳相距一到两拳的距离（图5-38）。

㉝左脚向右移动约肩宽的一半距离（图5-39）。接着右脚向左移动约肩宽的一半距离成闭足立（图5-40）。

㉞两手前掌交叉相叠于腹前，右手在上，掌心斜向上（图5-41）。

㉟两手向上托起与肩同高，掌心朝向自己；目视前方（图5-42）。

㊱两手接触经旋转向下收于小腹前，左手在外，右手在内；目视前方（图5-43）。

图5-38

图5-39

图5-40

图5-41

图5-42

图5-43

㊲两手收于两腿外侧，成结立；目视前方（图5-44）。
㊳敬礼（图5-45）。
㊴还原成立正姿势（图5-46）。

图5-44　　　　　　　　图5-45　　　　　　　　图5-46

二、平安二段

①立正姿势，面向十二点方向（图5-47）。
②敬礼（图5-48）。
③结立（图5-49）。

 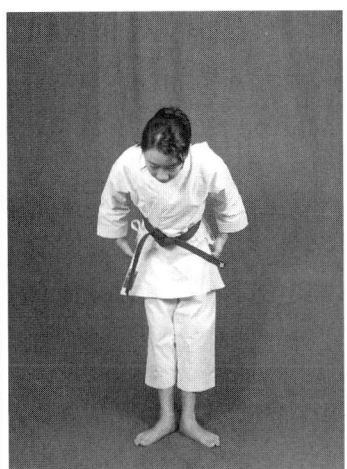 

图5-47　　　　　　　　图5-48　　　　　　　　图5-49

④两脚尖内扣成闭足立,两手前掌交叉相叠于腹部前方,左手在上(图5-50)。左脚向左开步约肩宽的一半距离,右脚再向右开步约肩宽的一半距离,两脚成平行立;两手不动;目视前方(图5-51、图5-52)。

⑤两手握拳向后用力拉于两肋侧,拳心向上,力达两肘;目视前方(图5-53)。

⑥两拳由两肋间向前下方伸出,两臂伸直,拳面斜向下,两拳相距一到两拳的距离(图5-54)。

⑦以右前脚掌为中心向左转动90°,面向九点方向,左脚同时转动成猫足立;左臂伸直由下向上再向下采用锤拳的方式逆时针划弧击打至与肩同高的位置,拳心向右;右拳收到右肋下,拳心向上(图5-55)。

图5-50

图5-51

图5-52

图5-53

图5-54

图5-55

⑧右脚前移一小步成基本立；右手中段冲拳，拳心向下，力达拳面；目视前方（图5-56）。

⑨以左脚为轴，向右旋转到三点方向，成右前屈立；右手握拳，拳心向下进行下段格挡；左拳收到左肋下，拳心向上（图5-57）。

⑩右脚向后退约半步，成右基本立；右拳锤拳经左向上并由上向下顺时针划弧击打，拳心向左；左拳收到左肋下，拳心向上；目视前方（图5-58）。

⑪左脚前上一步成左基本立；左拳顺势向前中段冲拳，拳心向下；目视前方（图5-59）。

⑫右脚不动，左腿向十二点方向移动成左前屈立；左手向下进行下段格挡，拳心向下；右拳收于右肋侧，拳心向上（图5-60）。

图5-56

图5-57

图5-58

图5-59

图5-60

⑬右脚向前上步成右前屈立；右手握拳进行上段格挡；左手握拳收于左肋侧，拳心向上；目视十二点方向（图5-61）。

⑭左脚向前上步成左前屈立；左手握拳进行上段格挡；右手握拳收于右肋侧，拳心向上；目视十二点方向（图5-62）。

⑮右脚前上步成右前屈立；右手握拳进行上段格挡；左手握拳收于左肋侧，拳心向上；目视十二点方向（图5-63）。

⑯以右前脚掌为轴，向左逆时针方向转向四点半方向，左脚移动成前屈立；同时左手握拳进行下段格挡，拳心向下；右手握拳收于右肋侧，拳心向上；目视四点半方向（图5-64）。

⑰右脚向前上步成右基本立；右手中段冲拳，拳心向下；左手握拳收于左肋侧，拳心向上；目视四点半方向（图5-65）。

图5-61　　　　　　　　　图5-62

图5-63　　　　　　图5-64　　　　　　图5-65

⑱以左脚为轴向右转,右脚移动到七点半方向,成右前屈立;同时右手握拳进行下段格挡,拳心向下;左手握拳收于左肋下,拳心向上;目视七点半方向(图5-66)。

⑲左脚向前上步成左基本立;同时左拳中段冲拳,拳心向下;右手握拳收到右肋侧,拳心向上;目视前方(图5-67)。

⑳以右脚为轴向左转,使左脚移动到六点方向成左前屈立;左手握拳进行下段格挡,拳心向下;右手握拳收于右肋侧,拳心向上(图5-68、图5-68附)。

㉑右脚向前上步成右基本立;同时右拳中段冲拳,拳心向下;左手握拳收于左肋侧,拳心向上;目视前方(图5-69、图5-69附)。

图5-66

图5-67

图5-68

图5-68附

图5-69

图5-69附

㉒左脚向前上步成左基本立；同时左拳中段冲拳，拳心向下；右手握拳收于右肋侧，拳心向上；目视前方（图5-70、图5-70附）。

㉓右脚向前上步成右基本立；同时右手中段冲拳，拳心向下；左手握拳收于左肋侧，拳心向上；目视前方（图5-71、图5-71附）。

㉔以右脚为轴逆时针左转，左脚向十点半方向上步成四股立；同时左手刀下段格挡，掌心向下；右拳变为手刀收到心口处，掌心斜向上（图5-72）。

㉕以左脚为轴，右脚向十点半方向上步成四股立；同时右手刀进行下段格挡，掌心向下；左手刀收到心口处，掌心斜向上（图5-73）。

图5-70

图5-70附

图5-71

图5-71附

图5-72

图5-73

㉖以左脚为轴,右脚向一点半方向移动成四股立;右手刀进行下段格挡,掌心向下;左手刀收于心口处,掌心斜向上(图5-74)。

㉗以右脚为轴,左脚向一点半方向移动成四股立;左手刀进行下段格挡,掌心向下;右手刀收于心口处,掌心向上(图5-75)。

㉘以右脚为轴左转,左脚向右脚边收回成平行站立;两手握拳收于两肋侧,拳心朝上;目视一点半方向,保留残心(图5-76)。

㉙两脚平行站立;头转向十二点方向(图5-77)。

㉚两拳由两肋间向前下方伸出,两臂伸直,拳面斜向下,两拳相距一到两拳的距离(图5-78)。

图5-74　　　　　图5-75

图5-76　　　　图5-77　　　　图5-78

㉛左脚向右移动约肩宽的一半距离，接着右脚向左移动约肩宽的一半距离成闭足立（图5-79、图5-80）。

㉜两手前掌交叉相叠于腹前，右手在上，掌心斜向上（图5-81）。

㉝两手向上托起至与肩同高，掌心朝向自己；目视前方（图5-82）。

㉞两手叠掌经下向上旋转并向下收于小腹前，左手在外，右手在内；目视前方（图5-83）。

㉟两手收于两腿外侧，成结立；目视前方（图5-84）。

图5-79

图5-80

图5-81

图5-82

图5-83

图5-84

㊱敬礼（图5-85）。
㊲还原成立正姿势（图5-86）。

图5-85

图5-86

三、平安三段

①立正姿势，面向十二点方向（图5-87）。
②敬礼（图5-88）。
③结立（图5-89）。

图5-87

图5-88

图5-89

④两脚尖内扣成闭足立；两手前掌交叉相叠于腹前，左手在上（图5-90）。左脚向左开步约肩宽的一半距离，右脚再向右开步约肩宽的一半距离，两脚成平行立，两手不动；目视前方（图5-91、图5-92）。

⑤两手握拳向后用力拉于两肋侧，拳心向上，力达两肘；目视前方（图5-93）。

⑥两拳由两肋间向前下方伸出，两臂伸直，拳面斜向下，两拳相距一到两拳的距离（图5-94）。

⑦以右前脚掌为中心向左转动90°，面向九点方向，左脚同时转动成猫足立；左手臂进行外格挡；同时右拳收到右肋下，拳心向上（图5-95）。

图5-90　　　　　　　　图5-91　　　　　　　　图5-92

图5-93　　　　　　　　图5-94　　　　　　　　图5-95

⑧左脚踏实外展，右脚向左脚并步成结立；同时右手做外格挡；左手做下格挡（图5-96）。接着左手做外格挡，右手做下格挡（图5-97）。

⑨以左前脚掌为中心，向后转动180°成右猫足立；同时右手做外格挡；左手握拳收于左肋间，拳心向上（图5-98）。

⑩右脚踏实外展，左脚向右脚并步成结立；同时左手做外格挡；右手做下格挡（图5-99）。接着右手做外格挡，左手做下格挡（图5-100）。

⑪右脚内扣，身体向左转动90°成左猫足立；同时左手做外格挡；右手握拳收于右肋间，拳心向上；目视十二点方向（图5-101）。

图5-96

图5-97

图5-98

图5-99

图5-100

图5-101

⑫右脚向前上步成基本立;同时右手向前贯手,与心口齐高(图5-102)。

⑬左脚向左平移成前后脚在一条线上,同时重心移至左脚成后屈立;右手向下做下格挡,掌心向后(图5-103、图5-103附)。

⑭右脚内扣,身体向左转动180°,左脚撤步成四股立;左拳向左平打,拳心向下;右掌变拳收于右肋间,拳心向上;目视十二点方向(图5-104)。

⑮右脚向前上步成右基本立;同时右手中段冲拳(图5-105)。

图5-102

图5-103

图5-103附

图5-104

图5-105

⑯以右前脚掌为中心向左转动180°，左脚向右脚并拢成结立；同时两手握拳收于腰间，拳心向后（图5-106、图5-106附）。

⑰右脚向前上步成四股立；同时右肘向侧格挡，两手保持不动（图5-107、图5-107附）。接着右肘收回，右手向前弹打，与肩同高，再迅速收回到腰间（图5-108～图5-110附）。

图5-106

图5-106附

图5-107

图5-107附

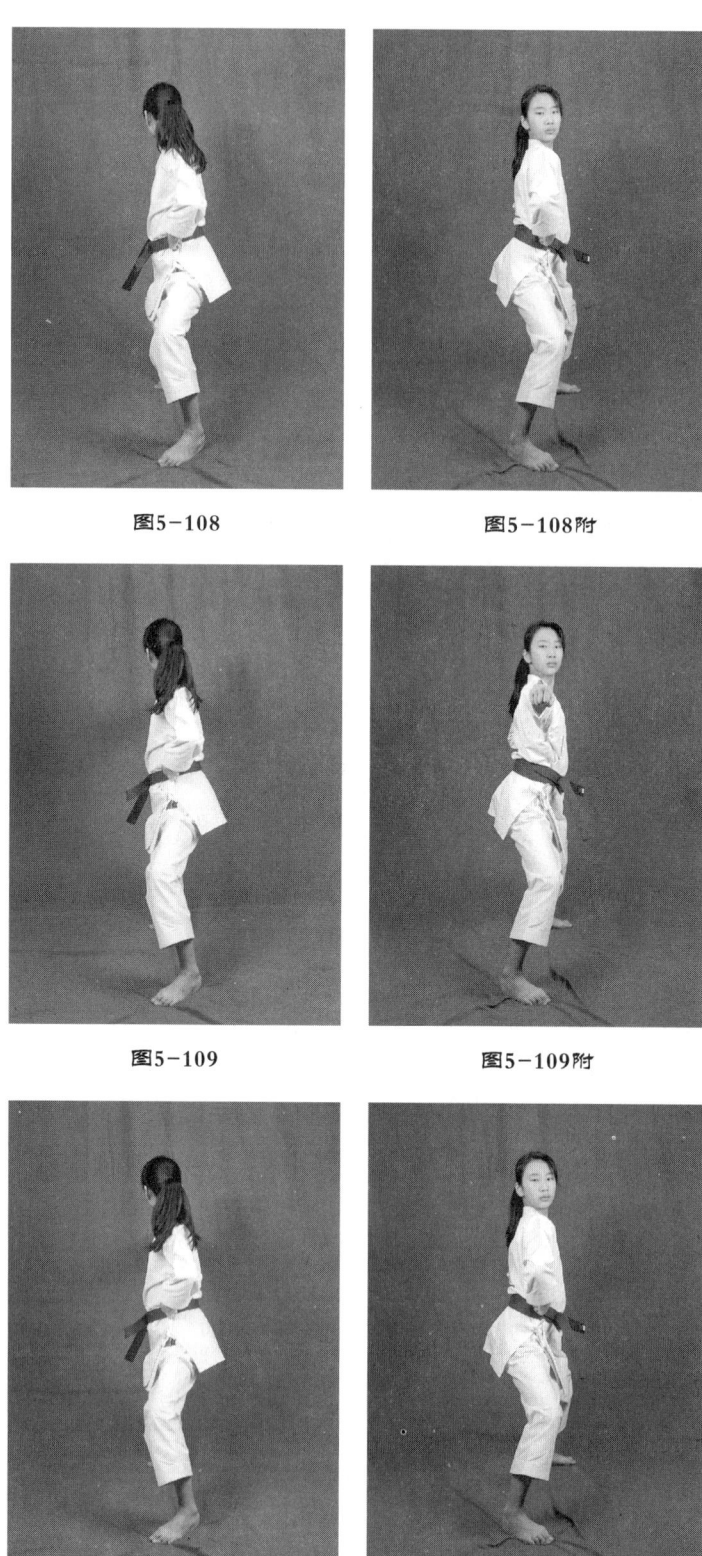

图5-108　　　　　　图5-108附

图5-109　　　　　　图5-109附

图5-110　　　　　　图5-110附

⑱左脚向前上步成四股立；同时左肘向侧格挡，右手保持不动（图5-111、图5-111附）。接着左肘收回，左手向前弹打，与肩同高，再迅速收回到腰间（图5-112~图5-114附）。

⑲右脚向前上步成四股立；同时右肘向左侧格挡，左手保持不动（图5-115、图5-115附）。接着右肘收回，左手不动，右手向前弹打，与肩同高（图5-116~图5-117附）。

图5-111

图5-111附

图5-112

图5-112附

图5-113

图5-113附

图5-114　　　　　　　　图5-114附

图5-115　　　　　图5-115附　　　　　图5-116

图5-116附　　　　　图5-117　　　　　图5-117附

⑳左脚向前上步成左基本立；同时左手中段冲拳；目视六点方向（图5-118、图5-118附）。

㉑两手不动，右脚向前上步成平行立（图5-119）。接着以右脚掌为中心向左转动180°，左脚向右脚左侧撤步，右脚再向左脚移步成平行立；同时右手经头左侧肩膀上方向后击打，拳心向下（图5-120）。

㉒右脚向右开步，左脚向右平移成平行立；同时右手收到右肋间，拳心向上；左手经头右侧肩膀上方向后击打，拳心向下（图5-121）。

㉓左脚、右脚依次向左平移成平行立；同时左手收于左肋间，拳心向上；右手不动；目视一点半方向，保持残心（图5-122）。

图5-118

图5-118附

图5-119

图5-120

图5-121

图5-122

㉔两脚不动；头转向十二点方向（图5-123）。

㉕两拳由两肋间向前下方伸出，两臂伸直，拳面斜向下，两拳相距一到两拳的距离（图5-124）。

㉖左脚向右移动约肩宽的一半距离，接着右脚向左移动约肩宽的一半距离成闭足立（图5-125、图5-126）。

㉗两手前掌交叉相叠于腹前，右手在上，掌心斜向上（图5-127）。

㉘两手向上托起与肩同高，掌心朝向自己；目视前方（图5-128）。

图5-123

图5-124

图5-125

图5-126

图5-127

图5-128

㉙两手接触向上经胸前旋转并向下收于小腹前,左手在外,右手在内;目视前方(图5-129)。

㉚两手收于两腿侧,成结立;目视前方(图5-130)。

㉛敬礼(图5-131)。

㉜还原成立正姿势(图5-132)。

图5-129

图5-130

图5-131

图5-132

四、平安四段

①立正姿势,面向十二点方向(图5-133)。
②敬礼(图5-134)。
③结立(图5-135)。
④两脚尖内扣成闭足立;两手前掌交叉相叠于腹前,左手在上(图5-136)。左脚向左开步约肩宽的一半距离,右脚再向右开步约肩宽的一半距离,两脚成平行立;两手不动;目视前方(图5-137、图5-138)。

图5-133

图5-134

图5-135

图5-136

图5-137

图5-138

⑤两手握拳向后用力拉于两肋侧,拳心向上,力达两肘;目视前方(图5-139)。

⑥两拳由两肋间向前下方伸出,两臂伸直,拳面斜向下,两拳相距一到两拳的距离(图5-140)。

⑦重心移到右脚,以右前脚掌为中心向左转动90°,面向九点方向,左脚同时转动成左猫足立;左手刀进行外格挡;同时右手刀上格挡,掌心向外(图5-141)。

⑧重心移到左脚,同时以左前脚掌为中心向右转动180°成右猫足立;右手刀外格挡;左手刀上格挡(图5-142)。

⑨身体向左转动90°,左脚向前上步成基本立;同时双手握拳收于右腰间后立即向斜下方做交叉格挡,位于腹前2~3拳,两拳成立拳,拳心向外(图5-143)。

图5-139

图5-140

图5-141

图5-142

图5-143

⑩双拳收于左腰间，右脚上步成右猫足立，同时右手做外格挡，左手附于右前臂内侧做支撑状（图5-144、图5-145）。

⑪左脚向右脚并拢成闭足立；同时双手握拳收于右腰间，左拳拳心向下，右拳拳心向上（图5-146）。

⑫身体向左旋转90°；同时左拳向左平打，拳心向下；左腿做前刺踢（图5-147）。

⑬左小腿弯曲收回落地成前屈立，接着右臂顶肘于左手掌上，与胸同高；目视九点方向（图5-148）。

⑭身体向右转动90°，右脚向左脚并拢成闭足立；同时将双拳收于左腰间，右手拳心向下，左手拳心向上（图5-149）。

图5-144

图5-145

图5-146

图5-147

图5-148

图5-149

⑮身体向右旋转90°；同时右拳向右平打，拳心向下；右腿做前刺踢（图5-150）。

⑯右小腿弯曲收回落地成右前屈立，接着左臂顶肘于右手掌上，与胸同高；目视三点方向（图5-151）。

⑰双脚以前脚掌为中心向左前方旋转90°，至脚尖向前，同时身体向左转动90°；左手刀上格挡；右手向正前方插掌，掌心向上，与颈部同高（图5-152）。

⑱两手保持不动，右腿做前刺踢后落地，接着左脚跟步成交叉立；同时右手向前做背拳击打；左手下按后收于左肋间（图5-153、图5-154）。

图5-150

图5-151

图5-152

图5-153

图5-154

⑲双脚不动,身体向左转225°成左猫足立;同时左手做外格挡;右手收于右肋间（图5-155）。

⑳右腿做前刺踢后收小腿并向前落步,成右前屈立;同时右拳、左拳依次做中段冲拳（图5-156~图5-158）。

㉑重心落于左脚,抬右脚向右转90°成右猫足立;同时右臂做外格挡（图5-159）。

图5-155

图5-156

图5-157

图5-158

图5-159

㉒左脚做前刺踢后收小腿并向前落步，成左前屈立；同时左拳、右拳依次做中段冲拳（图5-160～图5-162）。

㉓两手握拳收于右腰间，两拳心相对。重心移到右脚，同时身体向左转45°成左猫足立；左手做外格挡；右手附于左前臂内侧（图5-163～图5-164附）。

图5-160

图5-161

图5-162

图5-163

图5-164

图5-164附

㉔两拳收于左腰间，右脚上步成右猫足立；同时右手做外格挡；左手附于右前臂内侧（图5-165～图5-166附）。

图5-165

图5-165附

图5-166

图5-166附

㉕两拳收于右腰间，左脚上步成左猫足立；同时左手做外格挡；右手附于左前臂内侧（图5-167～图5-168附）。

图5-167　　　　　　　　　图5-167附

图5-168　　　　　　　　　图5-168附

㉖步型不变；双手握拳向斜上方冲拳（图5-169、图5-169附）。

㉗双拳下拉，拳心向后；同时重心移到左脚，右腿做顶膝动作（图5-170、图5-170附）。

㉘右脚向正前方落下，重心移向右脚，以右脚掌为中心向左转135°成左猫足立；同时左手做手刀外格挡；右手收于心口，掌心斜向上（图5-171）。

图5-169

图5-169附

图5-170

图5-170附

图5-171

㉙身体向右旋转90°，重心移至左脚，右脚、左脚依次向前移动成右猫足立；右手做手刀外格挡；左手收于心口，掌心斜向上（图5-172、图5-173）。

㉚左脚、右脚依次收回成平行立；两手握拳收于肋间，拳心向上；目视一点半方向，保持残心（图5-174）。

㉛两脚不动；头转向十二点方向（图5-175）。

㉜两拳由两肋间向前下方伸出，两臂伸直，拳面斜向下，两拳相距一到两拳的距离（图5-176）。

图5-172

图5-173

图5-174

图5-175

图5-176

㉝左脚向右移动约肩宽的一半距离，接着右脚向左移动约肩宽的一半距离成闭足立（图5-177、图5-178）。

㉞两手前掌交叉相叠于腹前，右手在上，掌心斜向上（图5-179）。

㉟两手向上托起与肩同高，掌心朝向自己；目视前方（图5-180）。

㊱两手接触向上经胸前旋转并向下收于小腹前，左手在外，右手在内；目视前方（图5-181）。

图5-177

图5-178

图5-179

图5-180

图5-181

㊲两手收于两腿外侧,成结立;目视前方(图5-182)。
㊳敬礼(图5-183)。
㊴还原成立正姿势(图8-184)。

图5-182　　　　　　　图5-183　　　　　　　图5-184

五、平安五段

①立正姿势,面向十二点方向(图5-185)。
②敬礼(图5-186)。
③结立(图5-187)。

 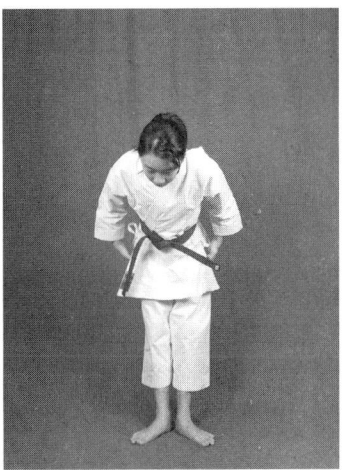 

图5-185　　　　　　　图5-186　　　　　　　图5-187

④两脚尖内扣成闭足立;两手前掌交叉相叠于腹前,左手在上(图5-188)。左脚向左开步约肩宽的一半距离,右脚向右开步约肩宽的一半距离,两脚成平行立;两手不动;目视前方(图5-189、图5-190)。

⑤两手握拳向后用力拉于两肋侧,拳心向上,力达两肘;目视前方(图5-191)。

⑥两拳由两肋间向前下方伸出,两臂伸直,拳面斜向下,两拳相距一到两拳的距离(图5-192)。

图5-188

图5-189

图5-190

图5-191

图5-192

⑦以右前脚掌为中心向左转动90°，面向九点方向，左脚同时转动成左猫足立；左手臂进行外格挡；同时右拳收到右肋间，拳心向上（图5-193）。接着右手中段冲拳；左手收于左肋间（图5-194）。

⑧身体向右转90°，右脚向左脚并拢成闭足立；同时两手收于右腰间，右手拳心向上，左手拳心向下；目视十二点方向（图5-195）。

⑨以左前脚掌为中心向右转动90°，面向三点方向，右脚同时转动成右猫足立；右手臂进行外格挡；同时左拳收到左肋间，拳心向上（图5-196）。接着左手中段冲拳；右手收于左肋间（图5-197）。

图5-193

图5-194

图5-195

图5-196

图5-197

⑩身体向左转90°，右脚落实，左脚向右脚并拢成闭足立；同时两手收于左肋间，左手拳心向上，右手拳心向下；面向十二点方向（图5-198）。

⑪右脚向前上步成右前屈立；同时右手臂做外格挡；左手附于右前臂内侧，拳心向上（图5-199）。

⑫左脚向前上步成左前屈立；同时两手收于两肋侧，接着两手做交叉下格挡，右手在上，左手在下，拳心向下（图5-200、图5-201）。

⑬脚不动；两手收于胸前，接着两手变掌向上做交叉上格挡（图5-202、图5-203）。

图5-198

图5-199

图5-200

图5-201

图5-202

图5-203

⑭两掌以掌根为轴做顺时针转动一周,接着右手握拳收于右肋间,拳心向上;左手握拳向前横打,拳心向下;目视十二点方向;同时左脚内扣,右脚跟步成平行立(图5-204、图5-205)。

⑮右脚上步成右前屈立;同时右手做中段冲拳(图5-206)。

⑯以左前脚掌为中心,身体向左转180°上步成四股立;同时右手做下格挡;左手握拳收于左肋间,拳心向上(图5-207、图5-207附)。

⑰右脚向左移步成平行立;同时左手向左横打,拳心向下,高与肩平;右手收于右肋间(图5-208)。

图5-204

图5-205

图5-206

图5-207

图5-207附

图5-208

⑱身体向左转90°，左手变掌，同时右脚由外向内做摆动踢（月牙踢）左手（图5-209）。接着右腿回收落地成右前屈立；右臂向前肘击；左掌回收拍打右肘部（图5-210）。

⑲右脚不动，左脚向右脚右后方做交叉立；同时右臂做外格挡；左手握拳收于右肘下方，拳心向下（图5-211）。

⑳两脚不动，身体向左转180°；左手不动，右手抬高；目视六点方向（图5-212、图5-212附）。

图5-209

图5-210

图5-211

图5-212

图5-212附

㉑两手向腰间下拉，两腿收起并向正前方跳起，落地成交叉立；同时两手做握拳交叉下格挡，右手在上，左手在下；面朝三点方向（图5-213、图5-214）。

㉒右脚向四点半方向上步成右前屈立；同时右手做外格挡；左手握拳附于右前臂内侧，拳心向上（图5-215）。

㉓右脚内扣成后屈立；两手交叉随即做右手外格挡，左手下格挡；目视十点半方向（图5-216）。

㉔手臂不动，左脚回收成前脚掌点地，接着向七点半方向上步成后屈立；同时左右手交叉，左手做外格挡，右手做下格挡动作；目视一点半方向（图5-217、图5-218）。

图5-213

图5-214

图5-215

图5-216

图5-217

图5-218

㉕右脚向左脚靠拢成平行立；同时两手收于两肋间；目视一点半方向，保持残心（图5-219）。

㉖两脚不动；头转向十二点方向（图5-220）。

㉗两拳由两肋间向前下方伸出，两臂伸直，拳面斜向下，两拳相距一到两拳的距离（图5-221）。

㉘左脚向右移动约肩宽的一半距离，接着右脚向左移动约肩宽的一半距离成闭足立（图5-222、图5-223）。

㉙两手前掌交叉相叠于腹前，右手在上，掌心斜向上（图5-224）。

图5-219

图5-220

图5-221

图5-222

图5-223

图5-224

㉚两手向上托起至与肩同高,掌心朝向自己;目视前方(图5-225)。

㉛两手接触经胸前旋转并向下收于小腹前,左手在外,右手在内;目视前方(图5-226)。

㉜两手收于两腿侧,成结立;目视前方(图5-227)。

㉝敬礼(图5-228)。

㉞还原成立正姿势(图5-229)。

图5-225　　　　　　　　图5-226

图5-227　　　　　图5-228　　　　　图5-229

第二节 中级型

一、十手

①立正姿势；面向十二点方向（图5-230）。
②敬礼（图5-231）。
③还原成立正姿势（结立）（图5-232）。
④两脚并拢成闭足立；双手在胸口前抱拳，右手在内，左手在外（图5-233）。

图5-230

图5-231

图5-232

图5-233

⑤左脚向后撤步成右前屈立；左手握拳收于左肋间；右手经左手臂由下向上、向外划弧形挂手向下格挡，掌心向上（图5-234、图5-234附）。

⑥左脚上步成左前屈立；右掌下压格挡；同时左手握拳向前做背拳打（图5-235）。

⑦左手向右手肘关节前侧做下压格挡状（图5-236），随即右脚向左脚右侧上步成四股立；右手做背刀外格挡，高与腋下齐平；左手握拳收于左肋间（图5-237）。

图5-234

图5-234附

图5-235

图5-236

图5-237

⑧右脚上步；右手做中段截击，力达掌根；左手握拳收于左肋间（图5-238、图5-238附）。

⑨左脚上步；左手做中段截击，力达掌根；右手握拳收于右肋间（图5-239、图5-239附）。

⑩右脚上步；右手做中段截击，力达掌根；左手握拳收于左肋间（图5-240、图5-240附）。

图5-238

图5-238附

图5-239

图5-239附

图5-240

图5-240附

⑪右脚向左脚左前上步成交叉立；双手由下向上做穿手并收到胸口，两手背贴到一起（图5-241、图5-241附）。

⑫保持交叉立不动；双手握拳向身体两侧打开做下格挡状（图5-242、图5-242附）。接着向左跳步做四股立；双手由外向内做交叉并由下向上分开再向下做压肘（图5-243、图5-243附）。

图5-241

图5-241附

图5-242

图5-242附

图5-243

图5-243附

⑬左脚向前上步成四股立；同时左手手臂向内格挡并迅速回收（图5-244、图5-244附）。

⑭右脚向前上步成四股立；同时右手手臂向内格挡并迅速回收（图5-245、图5-245附）。

⑮左脚向前上步成四股立；同时左手手臂向内格挡并迅速回收（图5-246、图5-246附）。

图5-244　　　　　　图5-244附　　　　　　图5-245

图5-245附　　　　　　图5-246　　　　　　图5-246附

⑯右脚向左脚靠近成平行立；同时双手握拳，两手臂经胸前交叉后分开置于腹前方（图5-247、图5-247附）。

⑰身体向右转90°成右猫足立；同时右手做手刀中段外格挡；左手握拳收于左肋间（图5-248）。

⑱右手收到左腰间，两手变掌，左手在下，掌指向下，右掌在上，掌指向上。接着右脚向前上步成右前屈立；双手向前推出，右手在下，用背刀向前推掌，左手在上，用掌根向前推掌（图5-249、图5-249附）。

图5-247

图5-247附

图5-248

图5-249

图5-249附

⑲两掌收到右腰间，左手在上，掌指向上，右掌在下，掌指向下。接着左脚向前上步成左前屈立；双手向前推出，左手在下，用背刀向前推掌，右手在上，用掌根向前推掌（图5-250、图5-250附）。

⑳两掌收到左腰间，左手在下，掌指向下，右掌在上，掌指向上。接着右脚向前上步成右前屈立；双手向前推出，右手在下，用背刀向前推掌，左手在上，用掌根向前推掌（图5-251、图5-251附）。

㉑以右脚为轴向左转270°，左脚向右脚左侧落步成右后屈立；同时两手握拳在胸前交叉随即分开，左手伸直做下格挡，右手弯曲做外格挡；眼睛平视左前方（图5-252）。

图5-250

图5-250附

图5-251

图5-251附

图5-252

㉒两手握拳经胸前交叉随即分开，右手伸直做下格挡，左手弯曲做外格挡；同时两脚转动，重心移到左脚成左后屈立；眼睛平视右方（图5-253）。

㉓左脚向前上步成左前屈立；同时左手做上段格挡；右手收于右肋间（图5-254）。

㉔右脚向前上步成右前屈立；同时右手做上段格挡；左手收于左肋间（图5-255）。

㉕以右脚为轴，身体向左转180°成左前屈立；同时左手做上段格挡；右手收于右肋间（图5-256）。

㉖右脚向前上步成右前屈立；同时右手做上段格挡；左手收于左肋间（图5-257）。

图5-253

图5-254

图5-255

图5-256

图5-257

㉗以右脚为轴，身体向左转180°；同时左脚向右脚并拢成闭足立；左手为掌抱住右拳呈拱手状；目视正前方（图5-258）。

㉘两手变掌接触经胸前旋转向下收于小腹前，左手在外，右手在内；目视前方（图5-259）。

㉙两手收于两腿外侧，成结立；目视前方（图5-260）。

㉚敬礼（图5-261）。

㉛还原成立正姿势（图5-262）。

图5-258　　　　　　　图5-259

图5-260　　　　图5-261　　　　图5-262

二、慈允

①立正姿势;面向十二点方向(图5-263)。

②敬礼(图5-264)。

③结立(图5-265)。

④两脚尖并拢成闭足立;同时左手抱住右拳,与肩膀同高,距离胸口约两拳,两肘关节内扣;目视前方(图5-266)。

⑤右脚不动,左脚向六点方向后撤一步成右前屈立;同时两手握拳经胸前交叉,左手做下段格挡,右手做中段外格挡(图5-267)。

⑥左脚向九点方向上步成右后屈立;同时左手在上、右手在下经交叉做右手外格挡、左手下格挡(图5-268)。

图5-263

图5-264

图5-265

图5-266

图5-267

图5-268

⑦以脚尖为轴，重心左移转换成左后屈立；同时左右手交叉，左手做外格挡，右手做下格挡（图5-269）。

⑧左脚向六点方向稍移步成左前屈立；同时左手做上格挡；右手收到右肋间，拳心向上；目视九点方向（图5-270）。

⑨右脚向九点方向上步成右基本立；同时右手做中段冲拳；左拳收到左肋间，拳心向上；目视九点方向（图5-271）。

⑩右脚向左脚斜后方点步，身体向右转向三点方向成右前屈立；同时右手做上格挡；左拳收到左肋间，拳心向上；目视三点方向（图5-272）。

⑪左脚向三点方向上步成左基本立；同时左手做中段冲拳；右拳收到右肋间，拳心向上；目视三点方向（图5-273）。

图5-269

图5-270

图5-271

图5-272

图5-273

⑫左脚向十二点方向上步成四股立；同时左手做下格挡；右拳收到右肋间，拳心向上；目视十二点方向（图5-274）。

⑬右脚向十二点方向上步成四股立；同时右手侧推掌；左拳收于左肋间，拳心向上；目视十二点方向（图5-275）。

⑭左脚向十二点方向上步成四股立；同时左手做侧推掌；右手握拳收于右肋间，拳心向上；目视十二点方向（图5-276）。

⑮右脚向十二点方向上步成四股立；同时右手侧推掌；左手握拳收于左肋间，拳心向上；目视十二点方向（图5-277）。

⑯以右脚为轴，身体向左转动，左脚落向四点半方向成左猫足立；同时双手交叉，左手在内，右手在外，两手划弧分开做抓拉动作，拳心斜向前，高与肩平；目视四点半方向（图5-278）。

图5-274　　　　　　　　　图5-275

图5-276　　　　　图5-277　　　　　图5-278

⑰两手保持不动，右脚做前刺踢并随之向四点半方向落步成右前屈立；同时右手左手依次做中段冲拳（图5-279—图5-281）。接着，下肢不动；左手做下格挡；右手做中段外格挡；目视四点半方向（图5-282）。

⑱以左脚为轴，身体向右转动，右脚提起落向七点半方向成右猫足立；同时双手交叉，左手在外，右手在内，两手划弧分开做抓拉动作，拳心斜向前，高与肩平；目视七点半方向（图5-283）。

图5-279

图5-280

图5-281

图5-282

图5-283

⑲两手保持不动，左脚做前刺踢，随即向七点半方向落步成左前屈立；同时左手右手依次做中段冲拳（图5-284—图5-286）。接着，下肢不动；左手做中段外格挡；右手做下格挡；目视七点半方向（图5-287）。

⑳以左脚为轴，身体向右转动，右脚落向六点方向成四股立；同时右手做横击拳；左拳收于左肋间，拳心向上；目视六点方向（图5-288、图5-288附）。

图5-284

图5-285

图5-286

图5-287

图5-288

图5-288附

㉑以右脚为轴,身体向左转动,左脚落向六点方向成四股立;同时左手做横击拳;右拳收于右肋间,拳心向上;目视六点方向(图5-289、图5-289附)。

㉒以右脚为轴,身体向左转动,左脚落向三点方向成四股立;同时左手做横击拳;右拳收于右肋间,拳心向上;目视三点方向(图5-290)。

图5-289　　　　　　　图5-289附　　　　　　　图5-290

㉓下肢不动;右手左手依次做中段冲拳(图5-291、图5-291附、图5-292、图5-292附)。

㉔以右脚为轴,身体向左转动,左脚落向九点方向成四股立;同时左右手交叉格挡,左手做外格挡,右手做下格挡;目视十二点方向(图5-293)。

㉕下肢不动;左手向右划弧缓缓向下做下格挡(图5-294)。

㉖下肢不动,左右手交叉做抓拉状握拳,拳心斜向前,高与肩平;目视十二点方向(图5-295、图5-296)。

第五章　空手道的型

图5-291　　　　　　　　　图5-291附

图5-292　　　　　　　图5-292附　　　　　　　图5-293

图5-294　　　　　　　图5-295　　　　　　　图5-296

㉗下肢不动;保持左手不动;右手拉回到右肋间,拳心向上(图5-297)。接着右拳中段冲拳、左右拳依次做中段冲拳;目视十二点方向(图5-298—图5-300)。

㉘左脚向九点方向上步成左前屈立;同时左手做上格挡;右拳收于右肋间;目视九点方向(图5-301)。

㉙右脚向九点方向上步成右基本立;同时右手做中段冲拳;左手收到左肋间,拳心向上;目视九点方向(图5-302)。

图5-297

图5-298

图5-299

图5-300

图5-301

图5-302

㉚身体右转180°，右脚抬起向三点方向落步成右前屈立；同时右手做上格挡；左手握拳收于左肋间；目视三点方向（图5-303）。

㉛左脚向九点方向上步成左基本立；同时左手做中段冲拳；右手收到右肋间；目视三点方向（图5-304）。

㉜身体左转，左脚向右脚并步成闭足立；左掌抱右拳握于胸前，两手与胸口同高，离胸口约两拳的距离，两肘关节内扣；目视右前方（图5-305）。

㉝头转向正前方；目视十二点方向（图5-306）。

㉞下肢不动，两手向下放成叠掌状，左手在外，右手在内（图5-307）。

图5-303

图5-304

图5-305

图5-306

图5-307

㉟两手收于大腿两侧成结立（图5-308）。
㊱敬礼（图5-309）。
㊲还原成立正的姿势（图5-310）。

图5-308

图5-309

图5-310

第三节　高级型

一、拔塞大

①立正姿势，面向十二点方向（图5-311）。
②敬礼（图5-312）。
③结立（如图5-313）。
④以双脚跟为轴，脚尖并拢成闭足立，膝关节弯曲；左手抱住右拳（图5-314）。
⑤右脚向前踏出一步，左脚移动到右脚的外侧成交叉站立；右手进行中段外格挡；左手张开支撑右拳（图5-315）。
⑥以右脚为轴向左转向六点方向成前屈立；左手做中段外格挡；右手握拳收到右肋下，拳心向上；目视前方（图5-316、图5-316附）。
⑦右脚不动，左脚撤回半步成基本立；右手做中段外格挡；左手握拳收到左肋下，拳心向上；目视前方（图5-317、图5-317附）。

第五章 空手道的型

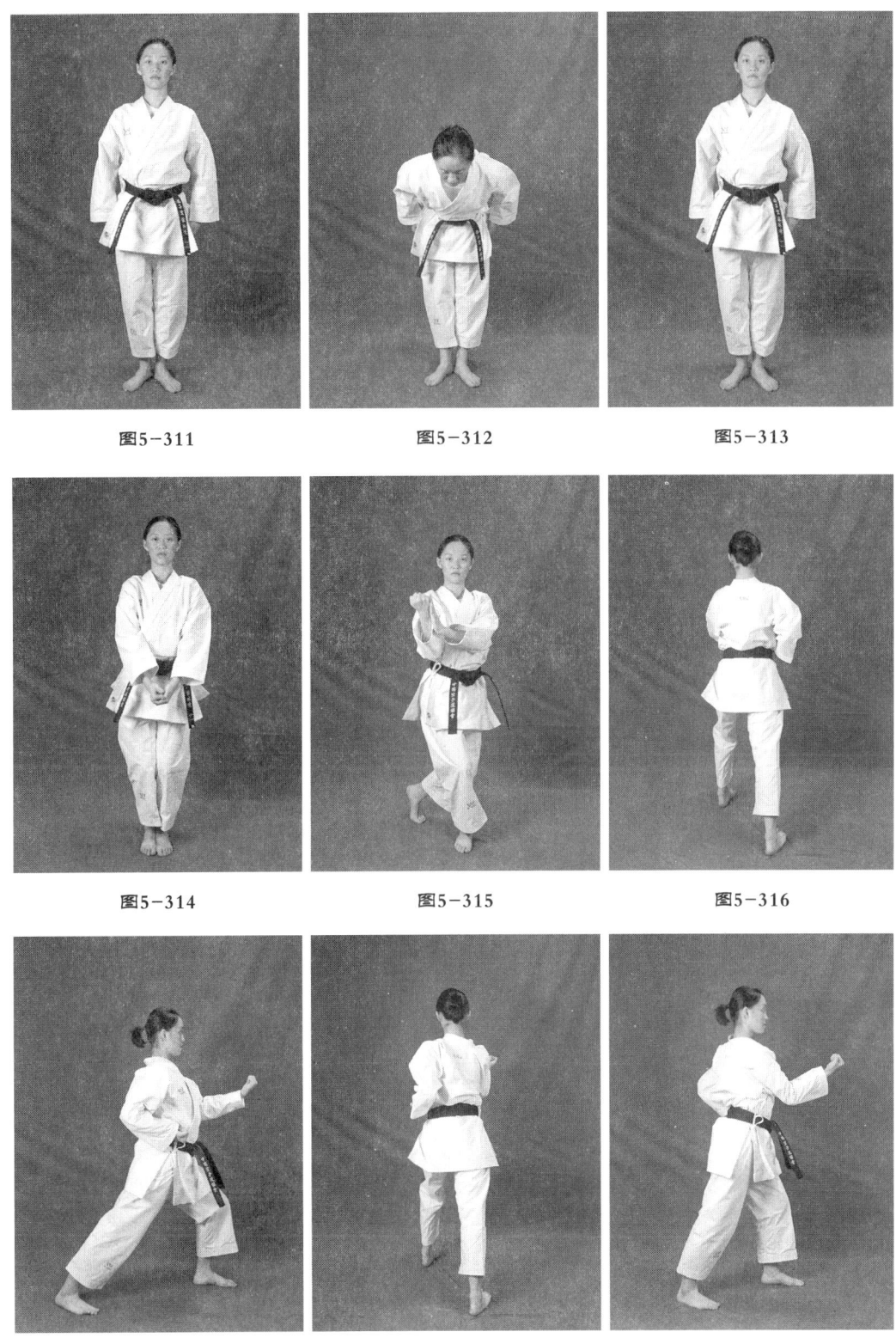

图5-311　　　　　　　图5-312　　　　　　　图5-313

图5-314　　　　　　　图5-315　　　　　　　图5-316

图5-316附　　　　　　图5-317　　　　　　　图5-317附

⑧以左脚为轴右转面向十二点方向；右脚向前踏出一步成前屈立；左手握拳做中段内格挡；右手收到右肋间（图5-318、图5-318附）。

⑨右脚撤回半步成基本立；左手收到左肋间；右手握拳做中段外格挡（图5-319、图5-319附）。

⑩以左脚为轴右转，右脚撤步成四股立；右手握拳做中段横格挡；左拳收到左肋下，拳心向上；目视十二点方向（图5-320、图5-320附）。

图5-318

图5-318附

图5-319

图5-319附

图5-320

图5-320附

⑪右脚收回半步成平行站立；右手握拳经右侧向上抬起；目视前方（图5-321、图5-321附）。

⑫右脚向前上半步成猫足立；右拳做中段内格挡；左手握拳收到左肋间，拳心向上；目视前方（图5-322）。

⑬保持猫足立；左手做中段外格挡；右手握拳收到右肋间，拳心向上（图5-323）。

⑭以左脚前脚掌为轴，左转向正前方成平行站立；右拳收于右肋间，拳心向上；左拳拳心向下收于右肋侧（图5-324）。

⑮以两脚脚尖为轴，双脚转向一点半方向，双脚平行成右后屈立；左手做上段冲拳（图5-325）。

图5-321

图5-321附

图5-322

图5-323

图5-324

图5-325

⑯两脚脚尖返回原位成平行站立；同时右手中段冲拳，拳心向下；左拳收到左肋下，拳心向上；目视前方（图5-326）。

⑰双脚脚尖转向十点方向，使双脚平行成左后屈立；同时做右拳中段外格挡；目视前方（图5-327）。

⑱双脚脚尖返回原位成平行站立；左手中段冲拳；右拳收到右肋间，拳心向上；目视前方（图5-328）。

⑲双脚脚尖转向一点半方向，双脚平行成右后屈立；左手中段外格挡；右拳收到右肋间，拳心向上；目视前方（图5-329）。

⑳右脚向十二点方向上步成右猫足立；右拳变为手刀进行下段格挡；左拳变手刀收到胸口；目视前方（图5-330）。

图5-326

图5-327

图5-328

图5-329

图5-330

㉑左脚向前上步成左猫足立；左手刀下段格挡；右手刀收到胸口前；目视前方（图5-331）。

㉒右脚向前上步成右猫足立；右手刀下段格挡；左手刀收到胸口前；目视前方（图5-332）。

㉓右脚向后撤回一步成左猫足立；同时右手刀经下向右、向上、向前划弧并向胸口做后拉状，右手手心朝下收到胸口前；左手经右臂下划弧向前再向后做中段挂手，左手手心斜向下；目视前方（图5-333、图5-334）。

图5-331

图5-332

图5-333

图5-334

㉔两脚不动；左手逆时针划一小圈做格挡状，接着做挂手后拉至左肋侧；右手向身体左侧推掌，与左手同高；目视前方（图5-335—图5-337附）。

㉕两手向前伸出；左脚脚跟落下；右脚勾脚尖并提腿至大腿水平；目视十二点方向（图5-338）。

图5-335

图5-336

图5-337

图5-337附

图5-338

㉖右足踏向前方并下落成平行立；双手做抓握拳状拉向左肋侧，拳心向下（图5-339、图5-339附）。

㉗以右脚为轴向六点方向转动，左脚轻轻回撤成左猫足立；同时左手变为手刀做中段手刀外格挡；右拳变手刀收到胸前，掌心向上；目视前方（图5-340、图5-340附）。

㉘右脚向前上步成右猫足立；右手做中段手刀外格挡；左手刀收到胸前，掌心向上；目视前方（图5-341、图5-341附）。

图5-339

图5-339附

图5-340

图5-340附

图5-341

图5-341附

㉙右脚向左脚靠拢成闭足站立；两手握拳做上段格挡，此时肘部稍微弯曲，两拳心斜向前下方，中间保持约一拳的距离；目视前方（图5-342、图5-342附）。

㉚右脚上步成前屈立；用左右拳锤击打对手中位两肋侧，拳心向上；目视前方（图5-343、图5-343附）。

㉛右脚左脚依次递步向前成四股立；同时右拳做向前中段击打；左拳收到左肋侧，拳心向上；目视前方（图5-344、图5-344附）。

图5-342

图5-342附

图5-343

图5-343附

图5-344

图5-344附

㉜右脚不动，左脚向右脚靠拢成闭足立；同时两臂先交叉，随即左拳做下段格挡，右拳做中段外横档；目视十二点方向（图5-345、图5-345附）。

㉝左转使右脚踏向十二点方向，沉腰成四股立；同时右臂做下段格挡；左拳在胸口前准备，拳心向下（图5-346、图5-346附）。

㉞左转，面向六点方向，左脚回收成基本立；左臂做中段侧摆拳；右手收到右肋下，拳心向上；目视前方（图5-347、图5-347附）。

图5-345

图5-345附

图5-346

图5-346附

图5-347

图5-347附

㉟保持左脚和右拳不动,右腿做月牙踢,右脚经右侧向左划弧踢击左掌,在踢起的脚即将接触左手时,左拳变为掌;目视前方(图5-348、图5-348附)。

㊱右脚落在前方成前屈站立;左掌回收;右臂用肘向前击打回收的左掌,右拳拳心向下;目视前方(图5-349、图5-349附)。

㊲两脚不动;右臂做下段格挡;左拳靠在右肘的内侧,拳心向里;目视前方(图5-350、图5-350附)。

图5-348

图5-348附

图5-349

图5-349附

图5-350

图5-350附

㊳保持两脚不动；左臂下段格挡；右拳靠在左肘的内侧，拳心向里；目视前方（图5-351、图5-351附）。

㊴保持两脚不动；右臂下段格挡；左拳靠在右肘的内侧，拳心向里；目视前方（图5-352、图5-352附）。

㊵两脚不动；两拳收到左肋做防御准备，左拳拳心向上，右拳拳心向下；目视前方（图5-353、图5-353附）。

图5-351

图5-351附

图5-352

图5-352附

图5-353

图5-353附

㊶两脚不动；左拳上段冲拳，拳心向下；同时右拳中段击打，拳心向上；目视前方（图5-354、图5-354附）。

㊷右脚向左脚靠拢成闭足立；两拳收到右肋侧，右拳拳心向上，左拳拳心向下；目视前方（图5-355、图5-355附）。

㊸左脚向前踏出一步成左前屈立；同时右拳做上段冲拳，拳心向下；左拳做中段击打，拳心向上；目视前方（图5-356、图5-356附）。

图5-354　　　　　　　　图5-354附　　　　　　　　图5-355

图5-355附　　　　　　　　图5-356　　　　　　　　图5-356附

㊹左脚向右脚靠拢成闭足立；两拳收于左肋侧做防御准备，左拳拳心向上，右拳拳心向下；目视前方（图5-357、图5-357附）。

㊺右脚向前踏出一步成右前屈立；同时左拳上段冲拳，拳心向下；右拳中段击打，拳心向上；目视前方（图5-358、图5-358附）。

㊻以右脚为轴，向十二点方向左转180°成左后屈立；右手臂由下经左向上再向下压甩（用意为甩掉别人抓住自己的手），拳心向上；左拳收到左肋间，拳心向上；目视前方（图5-359）。

㊼向右转腰，转换成右后屈立；伸左臂经下向右再向上、向下压甩；右拳收到右肋侧，拳心向上；目视前方（图5-360）。

图5-357

图5-357附

图5-358

图5-358附

图5-359

图5-360

㊽左脚向右脚跟步，身体转向一点半方向；左手由左向右划弧。接着重心移到左脚，右脚提起脚跟成右猫足立；右手穿过左臂下顺时针划弧做中段挂手；左手手心向下收在心口前（图5-361、图5-362）。

㊾右脚向四点半方向点步；同时右手向同一方向后拉；左手不动；头向左转动，目视十点半方向（图5-363）。

㊿头不动；两脚不动；右手逆时针划弧做防守状（图5-364）。

51右脚脚跟落下踏实，左脚提起脚跟回收成左猫足立；左手经右手臂下逆时针向左划弧挂手；右手收到胸口前，掌心向下（图5-365）。

52左脚向右脚靠拢成闭足立；右手握拳，左手张开抱住右拳；目视十点半方向，保持残心。接着，手与脚原位不动，头转向十二点方向（图5-366）。

图5-361

图5-362

图5-363

图5-364

图5-365

图5-366

㉝两手放下成结立（图5-367）。
㊴敬礼（图5-368）。
㊵还原成立正姿势（图5-369）。

图5-367

图5-368

图5-369

二、征远镇

①立正姿势，面向十二点方向（图5-370）。
②敬礼（图5-371）。
③结立（图5-372）。

图5-370

图5-371

图5-372

④下肢不动；双手成掌在体前重叠由上向内翻掌下压；目视十二点方向（图5-373）。

⑤双脚以脚掌为轴转动成平行立；同时双掌变拳拉到身体两侧，拳心向内，拳眼向前；目视十二点方向（图5-374）。

⑥右脚向一点半方向上步成四股立；同时双拳变掌从身体两侧伸出，两臂伸直，两手与两大腿方向相同，两手臂与大腿平行；目视十二点方向（图5-375）。

⑦下肢不动；双手在体前从下至上穿至心口上方，两掌掌背相贴（图5-376）。接着双掌握拳在体前从上至下划弧拉至大腿上方与大腿平行的位置；目视十二点方向（图5-377、图5-378）。

图5-373

图5-374

图5-375

图5-376

图5-377

图5-378

⑧下肢不动；两手向内移动交叉，左臂在外，右臂在内（图5-379）。接着两拳变手刀，右手刀做中段背刀外格挡，左手刀收于胸前，掌心斜朝上（图5-380）。

⑨下肢不动；左手不动；右手手掌顺时针旋转，做手刀外格挡，掌心朝前；目视十二点方向（图5-381）。

⑩下肢不动；右手保持手型收回到右肋间；同时左手做戳指状向右腿方向戳出，至右手下方，手心向上；目视十二点方向（图5-382）。

⑪左脚向十点半方向上步成四股立；同时双掌从身体两侧伸出，两臂伸直，两手与两大腿方向相同，两手臂与大腿平行；目视十二点方向（图5-383）。

图5-379

图5-380

图5-381

图5-382

图5-383

⑫下肢不动；双手在体前从下至上穿至心口上方，两掌掌背相贴（图5-384）。接着双掌握拳在体前从上至下划弧拉至大腿上方与大腿平行；目视十二点方向（图5-385、图5-386）。

⑬下肢不动；两手向内移动交叉，左臂在内，右臂在外，拳心向后（图5-387）。接着两手变手刀，左手刀做中段背刀外格挡，右手刀收于胸前，掌心斜朝上（图5-388）。

⑭下肢不动；右手不动；左手手掌顺时针旋转，做手刀外格挡，掌心朝前；目视十二点方向（图5-389）。

图5-384

图5-385

图5-386

图5-387

图5-388

图5-389

⑮下肢不动；左手保持手型回收到左肋间；同时右手做戳指状向左腿方向戳出，至左手下方，手心向上；目视十二点方向（图5-390）。

⑯右脚向一点半方向上步成四股立；同时双掌从身体两侧伸出，两臂伸直，两手与两大腿方向相同，两手臂与大腿平行；目视十二点方向（图5-391）。

⑰下肢不动；双手在体前从下至上穿至心口上方，两掌掌背相贴（图5-392）。接着双掌握拳在体前从上至下划弧拉至大腿上方与大腿平行的位置；目视十二点方向（图5-393、图5-394）。

图5-390

图5-391

图5-392

图5-393

图5-394

⑱下肢不动；两手向内移动交叉，左臂在外，右臂在内（图5-395）。接着两拳变手刀，右手刀做中段背刀外格挡，左手刀收于胸前，掌心斜朝上（图5-396）。

⑲下肢不动；左手不动；右手手掌逆时针旋转，做手刀外格挡，掌心朝前；目视十二点方向（图5-397）。

⑳下肢不动；右手保持手型收回到右肋间；同时左手做戳指状向右腿方向戳出，至右手下方，手心向上；目视十二点方向（图5-398）。

㉑右脚抬起，右脚足弓贴着左脚膝关节内侧，脚尖朝下；同时右手握拳用拳背击打左手掌心，拳心朝上；双手与腹部同高；目视十二点方向（图5-399）。

㉒右脚向十二点方向上步成右基本立；同时右手向前中段冲拳；左手随右手同时伸出，掌心向下贴于右手拳背；目视十二点方向（图5-400）。

图5-395　　　　　　图5-396　　　　　　图5-397

图5-398　　　　　　图5-399　　　　　　图5-400

㉓右脚向后撤一步，面向十二点方向成左基本立；同时左手做上段戳指，右手收到右腰间（图5-401）。下肢保持不动；右手向上顶肘，上臂顶至水平高度，拳心向左；同时左手击打右前臂内侧；目视十二点方向（图5-402）。

㉔双手收到左腰间，左手为掌，掌心朝侧，右手立拳贴在左掌上（图5-403）。接着，右脚向一点半方向经左脚内侧划弧上步成右三战立；右手做中段外格挡；同时左掌贴于右拳内侧随右手一起划弧格挡，左掌手指与右拳拳面齐平；目视一点半方向（图5-404）。

㉕左脚向一点半方向上步成四股立；同时左手做下段格挡；右拳收到右肋间，拳心向上；目视一点半方向（图5-405）。

㉖左脚向七点半方向撤步成四股立；同时右手做下段格挡；左拳收于左肋间，拳心向上；目视一点半方向（图5-406）。

图5-401　　　　　　图5-402　　　　　　图5-403

图5-404　　　　　　图5-405　　　　　　图5-406

㉗左脚向十点半方向经右脚内侧划弧上步成左三战立；同时双手收到右腰间，右手为掌，掌心朝侧，左手立拳贴于右掌上，接着，左手做中段外格挡，同时右掌贴于左拳内侧随左手一起划弧格挡，右掌手指与左拳拳面齐平；目视十点半方向（图5-407、图5-408）。

㉘右脚向十点半方向上步成四股立；同时右手做下段格挡；左拳收到肋间，拳心向上；目视十点半方向（图5-409）。

㉙右脚向四点半方向撤步成四股立；同时左手做下段格挡；右拳收于右肋间，拳心向上；目视十点半方向（图5-410）。

㉚左脚向六点方向后撤一步成四股立；同时双拳变掌在胸前交叉，随即左手向上移动，右手向下移动，左手移动至额前约一拳位置，指尖朝十二点方向，右手伸直至右大腿上方约两拳的位置向下按掌，手臂微屈，指尖朝向九点方向；目视十二点方向（图5-411、图5-412）。

图5-407

图5-408

图5-409

图5-410

图5-411

图5-412

㉛右脚向六点方向后撤一步成四股立；同时双掌在胸前交叉，随即右手向上移动，左手向下移动，右手移动至额前约一拳位置，指尖朝十二点方向，左手伸直至右大腿上方约两拳的位置向下按掌，手臂微屈，指尖朝向三点方向；目视十二点方向（图5-413）。

㉜右脚向十二点方向上步成右基本立；同时右手做中段内格挡并击打左掌（图5-414）。右脚向十二点方向移动一小步，左脚跟步成右基本立；同时左手附在右手内侧，两手一起向前做背拳打，并发声；目视十二点方向（图5-415、图5-416）。

图5-413

图5-414

图5-415

图5-416

㉝右脚向九点方向移动，身体左转朝七点半方向成左三战立；同时左手做中段外格挡；右手做下段格挡；目视七点半方向（图5-417、图5-418）。

㉞下肢不动；左拳变掌，顺时针翻转至掌心向前做抓拉状（图5-419、图5-420）。

㉟右脚向七点半方向上步成四股立；同时右拳做向上勾拳；左手立掌收于胸前；目视七点半方向（图5-421、图5-421附）。

图5-417

图5-418

图5-419

图5-420

图5-421

图5-421附

㊱下肢不动；右手向七点半方向做背拳击打并收回（图5-422、图5-423）。接着，下肢不动；右手做下段格挡；左手握拳收到左肋间，拳心向上；目视七点半方向（图5-424）。

㊲右脚向一点半方向撤回一步成四股立；同时左手做下段格挡；右手收于腰肋间，拳心向上；目视七点半方向（图5-425）。

㊳右脚向十二点方向移动一小步成右猫足立；同时左手向前摆动与右臂在胸前交叉，右臂向上挑肘击打至水平高度，左手握拳收到左肋间，拳心向上；目视十二点方向（图5-426、图5-427）。

图5-422

图5-423

图5-424

图5-425

图5-426

图5-427

㊴右脚向六点方向撤回一步成左猫足立；同时左臂向上与右臂交叉，左臂向上做挑肘击打至水平高度，右手收到右肋间，拳心向上；目视十二点方向（图5-428）。

㊵左脚向三点方向移动，身体右转朝四点半方向成三战立；同时右手做中段外格挡；左手做下段格挡；两眼目视四点半方向（图5-429）。

㊶下肢不动；右手由拳变掌，逆时针翻转至掌心向前做抓拉状；目视四点半方向（图5-430、图5-431）。

㊷左脚向四点半方向上步成四股立；同时左拳做向上勾拳；右手立掌收于胸前；目视四点半方向（图5-432、图5-432附）。

图5-428

图5-429

图5-430

图5-431

图5-432

图5-432附

㊸下肢不动；左手向四点半方向做背拳击打并回收（图5–433、图5–434）。接着，左手做下段格挡；右手握拳收到右肋间，拳心向上；目视四点半方向（图5–435）。

㊹左脚向十点半方向撤回一步成四股立；同时右手做下段格挡；左手收于左肋间，拳心向上；目视四点半方向（图5–436）。

㊺左脚向十二点方向移动一小步成左猫足立；同时右手向前摆动与左臂在胸前交叉，左臂向上挑肘击打至水平高度；右手握拳收到右肋间，拳心向上；目视十二点方向（图5–437、图5–438）。

图5–433

图5–434

图5–435

图5–436

图5–437

图5–438

㊻左脚向六点方向撤回一步成右猫足立；同时右臂向上与左臂交叉，右臂向上做挑肘击打至水平高度，左拳收到左肋间，拳心向上；目视十二点方向（图5-439）。

㊼下肢不动；左手变掌由上至下，下压至右手肘前，掌心向前；目视十二点方向（图5-440）。

㊽右脚向前一小步，同时左脚跟步，保持右猫足立；同时右手向前背拳击打回收并发声；左手附于右前臂内侧，掌心向下；目视十二点方向（图5-441、图5-442）。

图5-439

图5-440

图5-441

图5-442

㊾右脚向六点方向撤回一步成左基本立；同时双手手刀部位贴靠在一起向前伸出。接着重心后移成左猫足立，双手经前向后拉，由上至下指尖相对收于胸前；目视十二点方向（图5-443—图5-445）。

㊿左脚向右脚并拢成结立；同时两手放下在腹前交叉，右手在上，左手在下，两掌掌心向上（图5-446）。

(51)两手向上托掌收于胸前（图5-447）。

(52)两手旋转向下收于腹前，左手在上，右手在下（图5-448）。

图5-443

图5-444

图5-445

图5-446

图5-447

图5-448

㊷两手收于身体两侧成结立姿势（图5-449）。
㊹敬礼（图5-450）。
㊺还原成立正姿势（图5-451）。

图5-449　　　　　　　　　图5-450　　　　　　　　　图5-451

第四节　型的技术训练方法

即便是田径运动也不是比较谁的躯体性能更好。空手道运动中，升级运动能力和更新技术能力的区别在于，升级运动能力是为了比赛结果，而更新技术能力才是学习的过程。训练中对基本动作反复训练，就像在原有的硬件设施基础上不断地更新优化运行效率，使运动能力更好地契合技术能力。型的训练过程中究竟先增强运动能力还是先增强技术能力，运动能力和技术能力在比赛中哪个更容易使运动员转换为自己的优势，从而在比赛中占据上风，关键还是要关注运动员自身的身体条件，以及制订针对性的训练计划逐渐弥补不足之处。

对于入门者来说，尤其是在从白带到黑带的过程中，要不断重复、不断提升、不断进阶，而在晋级的过程中，最重要的就是要打好基础。基础是高水平提升的前提和保障，没有基础的提高，有可能只是昙花一现的展现，很容易被高水平选手所替代。因此，在型的训练中，我们首先要以基础为重中之重。

一、重视初级型和基本功的训练

任何训练都必须从初级型开始，尤其对于刚入门的空手道小白。鉴于本书的撰写基础，我们以糸东流糸洲会初级型平安1—5作为基础。通过初级型的手技、足技、步型、节奏、呼吸以及移动等来训练基本功，以此来提高练习者的技术能力。技术规格、标准、攻防含义等都必须经过不断的训练去认知、去实践，从而不仅在形态上把型练好，而且在内涵上把型练好，这才是我们训练的最终目的。在练习初级型时，可以把型的动作拆分出来，作为组合动作反复练习，以打下良好的训练基础。初级型里每一个基础动作必须在移动过程中展示出它的涵义、优雅，以及速度、力量等，这样练出来的基本功才有用。如果不练基础，练到最后还是难以到达金字塔的顶端。作为空手道入门者的老师或教练，打好学生的基础是义不容辞的责任和义务。

二、以中级型巩固基础和提高

型在比赛中要求从两大板块来提升，即技术能力与运动能力。技术能力包含步法、技法、转换动作、时机的把握、正确的呼吸、专注力（kime）、一致性；运动能力包含力量、速度、平衡。在比赛的打分中，技术能力占70%，运动能力占30%。尽管如此，对于一名高水平选手来说，我们不可忽视任何得分点。在型的比赛中非常重要的就是不可以将流派技术混合，比如不可以将半套松涛流的型、半套糸东流的型混合起来完成一套型来比赛。因此我们在训练队员的时候，尤其是入门者，要多强调技术能力，对于一些青少年而言，追求过多的运动能力，有可能会对其造成不可逆的伤害。型的技术能力中kime最重要，型规则解释为专注力，但是其实专注力并不能完全解释kime，kime是停顿和启动的过渡阶段，其中停顿是kime的表达，kime越多功力越好，但是一套完整的型演练中kime不是越多越好。虽然kime少一点更安全，多一点更能展现选手功力，但是若功力不够，反而做多错多，自曝其丑。

另外，需要特别注意的是，在型的演练过程中利用呼吸声、顿地、拍道服都是不可取的行为，这一点必须在运动员平时的训练中强调清楚，让运动员养成良好的训练习惯。

三、抓住型的训练核心要素进行训练

型的训练核心要素为眼、胆、力、功。

（一）眼

眼，就是专注力。我们用通俗点的语言说，就是在实战中所展示的眼的敏捷、敏锐以及观察力，而在型的演练中却是要展示出精神、自信、意志以及对假想对手的注视力。

（二）胆

胆，即胆力，是选手表现出的战斗意志。对于选手来说，愿意并尽量多地参加比赛，是提高选手胆力的重要手段之一。

（三）力

力，即身体素质所展示出的运动能力。型所要求的力量、速度、平衡等都展示在力上，如果速度不够或者平衡不够，你所训练的技术只能是"花拳绣腿，好看无用"，最终还是你的力上没有达到完美的状态。

（四）功

功，即功夫，是技术所展示的功力，而这种功力展现在常年日积月累的磨炼中。正如中国有句谚语"能工出巧匠，慢工出细活"一样，都是在一点一滴的精心雕琢中所达到的功夫。

因此，结合"眼、胆、力、功"四大核心要素来指导我们的训练，将会产生事半功倍的效果。

第六章 空手道的组手

第一节 组手基本技术

一、拳法基本技术

（一）前手上段拳

①格斗式准备（图6-1）。
②重心前移，左脚向前落步；同时左手向前进行上段击打；目视前方（图6-2）。
③左手在腰的转动下快速收回；同时右手进行防守（图6-3）。
④还原成格斗姿势（图6-4）。

要点：进攻时一定要保证手臂伸直，不能弯曲，击打时发声发力。击打后拳回收时一定要快，拳回收到腰部的同时，还要保持好进攻的势头和警惕性。

图6-1

图6-2

图6-3

图6-4

（二）后手中段拳

①格斗式准备（图6-5）。

②重心前移，左脚向前上步；同时右手从右腰间转腰向前击打，左手放于左侧进行防守；目视前方（图6-6）。

③右手在腰的转动下快速收回；同时左手进行防守（图6-7）。

④还原成格斗姿势（图6-8）。

要点：进行中段击打的时候，要有充沛的力量和精神。容易犯以下错误：①后脚蹬地不够用力；②转腰不够用力，不会转腰；③击打的时候力度不到位。

图6-5

图6-6

图6-7

图6-8

（三）后手上段拳

①格斗式准备（图6-9）。

②重心前移，同时上步转腰送胯送肩送手，进行上段的击打；目视前方（图6-10）。

③快速回收右手；同时左手注意防守（图6-11）。

④还原成格斗姿势（图6-12）。

要点：后手上段拳与后手中段拳相似，只是拳的击打部位在上段。

图6-9

图6-10

图6-11

图6-12

（四）后手上段压迫式进攻

①格斗式准备（图6-13）。

②重心前移，抬起右腿以控制平衡；同时右手往前压迫式击打；目视前方（图6-14）。

③接着右脚向前落步，右手快速收回；同时左手进行防守（图6-15）。

④还原成格斗姿势（图6-16）。

要点：进行压迫式进攻的时候，一定要快速把整个身体扑向对手，从而给对手造成心理压力，并破坏对手的进攻态势。

图6-13

图6-14

图6-15

图6-16

（五）前手拳的跳换步击打

①格斗式准备（图6-17）。
②抬起右脚向前踏出，前手向前击打，同时抬起左腿以控制平衡（图6-18）。
③前手快速回收，同时两脚进行跳换步，两脚落地后左手快速做防守动作（图6-19）。
④还原成格斗姿势（图6-20）。

要点：做跳换步进行击打的时候，重心一定要向前压出，拳要向前进行压迫式进攻，让对手来不及防守。

图6-17

图6-18

图6-19

图6-20

二、腿法基本技术

（一）后腿中段踢

①格斗式准备（图6-21）。
②左脚外展，同时右腿提膝（图6-22）。
③接着右腿转胯划弧向前侧方踢出，力达脚背（图6-23、图6-24）。
④还原成格斗式（图略）。

要点：进行中段弧形踢的时候，动作一定要连贯，腿法要有力道，回收要快，不能有恶意击伤对手的行为。

图6-21

图6-22

图6-23

图6-24

（二）后腿上段踢

①格斗式准备（图6-25）。

②左脚外展，同时提膝转胯，右腿划弧朝对手头部侧面（上段）踢出（图6-26～图6-28）。

③转身还原成格斗式（图略）。

要点：上段踢的时候，攻击人的上段，力道不可太大，要控制在距离面部5厘米的范围内，不能有重击的行为。

图6-25

图6-26

图6-27

图6-28

（三）勾踢（挂踢）

①格斗式准备（图6-29）。
②左脚外展，同时提右膝（图6-30），接着把右腿转向左侧（图6-31）。
③右腿经左向右划弧并使用脚前掌进行后摆式击打（图6-32）。
④击打后小腿伸直回收，还原成格斗式（图略）。

要点：进行勾踢击打上段的时候，腿一定要向前伸出去，通过划弧踢出去之后要快速收回，力道一定要适中，不能重击，做完动作之后一定要做好自我防护，不能让对手有可乘之机。

图6-29

图6-30

图6-31

图6-32

（四）后挂踢

①格斗式准备（图6-33）。

②身体向右转180°，同时转头，眼睛从肩上方向后看（图6-34），接着提膝抬腿进行勾踢（图6-35、图6-36）。

③还原成格斗式（图略）。

要点：做转身挂踢的时候，一定注意转身旋转时重心的稳定性，保持平衡，进攻击打时要准确，力量要恰当。

图6-33

图6-34

图6-35

图6-36

（五）后踢

①格斗式准备（图6-37）。

②身体向右转180°，同时转头，眼睛从肩上方向后看（图6-38），接着提膝抬腿向后踢出（图6-39、图6-40）。

③踢完之后快速回收，还原成格斗式（图略）。

要点：后踢的时候，转身幅度不要太大，重心要稳，（踢）腿要伸直，转身与踢腿要一气呵成。

图6-37

图6-38

图6-39

图6-40

第二节　组手基本组合技术

一、拳法基本组合

（一）前手拳后手拳上段的连击组合

①格斗式准备（图6-41）。
②重心前移，同时上步并使用前手进行上段击打（图6-42）。
③前手回收，后脚跟步。左脚上步，右手上段击打（图6-43）。
④还原成格斗式（图略）。

要点：在做前手后手上段连击的时候，动作要连贯、迅速，重心一定要前压。

图6-41

图6-42

图6-43

（二）交叉步上步追击的拳法组合

①格斗式准备（图6-44）。
②上右脚，同时打左拳（图6-45）。
③紧接着上左脚，打右拳（图6-46）。
④还原成格斗式（图略）。

要点：前后手连击的时候，向前追击一定要快速，不能有停滞，同时要做好自我保护工作。

图6-44

图6-45

图6-46

二、腿法基本组合

（一）中段踢上段踢组合

①格斗式准备（图6-47）。

②身体重心移至前脚，同时后腿蹬地向前提膝，大小腿夹紧，用腰胯带动腿，支撑脚同时转动，接着腿像鞭子一样向侧击打（图6-48）。

③前腿打完后快速把脚落在前面，接着再快速提膝进行上段踢（图6-49）。

④还原成格斗式（图略）。

要点：做上段踢的时候，力道一定要控制好，速度一定要快，中段踢要有足够的力道，不能太轻，而且速度要快，腿回收也要快。

图6-47

图6-48

图6-49

（二）后腿中段踢加后腿勾踢组合

①格斗式准备（图6-50）。

②身体重心移至前脚，同时后腿蹬地向前提膝，大小腿夹紧，用腰胯带动腿，支撑脚同时转动，接着右腿向前进行中段踢（图6-51）。

③中段踢后快速回收，右脚落地后再次迅速提膝至腰部高度（图6-52、图6-53），接着小腿向前伸出，经左向右划弧，使用脚掌击打对方头部或颈部（图6-54）。

④脚掌击打后迅速回收至格斗式准备（图略）。

要点：在练习这个组合的时候，一定要控制好自己的重心，不要因失去平衡而摔倒。

图6-50

图6-51

图6-52

图6-53

图6-54

三、拳法腿法组合

（一）上段拳加勾踢组合

①格斗式准备（图6-55）。
②上身放松，重心前移并快速略下沉，后脚蹬地，前脚踏地，前手拳对准对方上段进行直线击打（图6-56）。

图6-55

图6-56

③击打后前手拳回收，后腿向前跟步（图6-57），接着前腿提膝到腰部高度，迅速使用前脚掌勾踢对方上段部位（图6-58）。

④还原成格斗式（图略）。

要点：练习勾踢时一定要注意准确度、力道，在练习组合时，要把握好拳脚击打的时机和距离。

图6-57

图6-58

（二）前手拳加前腿上段踢组合

①格斗式准备（图6-59）。

图6-59

②上身放松，后脚蹬地，前脚往前踏步，同时前手拳对准对方上段直线击打（图6-60）。

③接着前手回收，后脚跟步（图6-61）。

④前腿提膝，迅速以腰胯带动击打对手上段部位（图6-62）。

⑤小腿快速折叠回收并还原成格斗式（图略）。

要点：在练习前手拳加上段踢的时候，动作一定要连贯，要控制好力度，拳脚要迅速。

图6-60

图6-61

图6-62

（三）前手拳加后腿上段踢组合

①格斗式准备（图6-63）。

②后脚蹬地，前脚往前踏步，前手拳对准对方上段直线击打（图6-64）。

③前手回收，同时两脚进行跳换步（图6-65），接着右腿迅速提膝转胯，以正脚背踢击对方上段部位（图6-66），小腿鞭打完成后快速回收。

④还原成格斗式（图略）。

要点：前手拳击打加后腿踢击的时候，动作需要连贯，一气呵成。

图6-63

图6-64

图6-65

图6-66

（四）后手中段加前腿上段组合

①格斗式准备（图6-67）。

②上身放松，后脚蹬地，前脚向前快速移动一大步，同时重心下沉，利用腰胯的转动带动后手拳击打对方中段，前腿前跨成弓步，后脚跟抬起（图6-68）。

③右手回收，后脚向前跟步（图6-69）。

图6-67

图6-68

图6-69

④迅速提左腿击打对手上段部位（图6-70）。

⑤还原成格斗式（图6-71）。

要点：进行中段拳击打的时候，动作要有力道，手臂要伸直，踢击的时候要快速。

图6-70

图6-71

（五）上段拳加中段拳加上段踢组合

①格斗式准备（图6-72）。

②重心前移，左脚向前上步，同时前手进行上段击打（图6-73）。

③后脚向前跟步，前手快速回收，接着后手向前击打对手中段部位（图6-74）。

④右手回收，右脚向前跟步（图6-75），迅速提左腿击打对手上段部位（图6-76）。

⑤还原成格斗式（图略）。

要点：进行上段拳加中段拳加上段踢组合时，动作要一气呵成，击打要有力，同时也要注意防守对手的反击。

图6-72

图6-73

图6-74

图6-75

图6-76

（六）拳法连击加后踢

①格斗式准备（图6-77）。

②重心前移，左脚快速向前踏步，同时前手进行上段击打（图6-78）。

③前手回收，后脚跟步（图6-79）。

④接着左脚向前踏步，同时转腰转胯送肩，使用右手击打对手中段部位（图6-80）。

图6-77

图6-78

图6-79

图6-80

⑤右手回收，身体向右快速转180°，眼睛从肩膀向后看向对手（图6-81），紧接着提右腿进行后踢，击打对手中段部位（图6-82）。

⑥右腿回收并还原成格斗式（图略）。

要点：拳法组合击打之后，后踢动作一定要顺畅，击打目标要准确有力，同时也要注意击打后将腿快速回收，保持好残心。

图6-81

图6-82

第三节　组手常用摔法

一、拂足摔

①格斗式准备（图6-83）。

②右手向前抓住对方前手衣袖（图6-84）。

③后脚前脚依次上步，使用前脚内侧扫击对方前脚（图6-85）。

④右手向右后拉，同时右脚向左斜前方扫击对方前腿脚踝处，使对手倒地，接着快速使用左手击打对方中段或上段部位（图6-86）。

⑤击打完成后，左手快速脱离并保持残心（图6-87）。

要点：做摔法时要注意保护对手的安全，不要造成伤害事故，摔法要多加练习才能运用自如。

图6-83

图6-84

图6-85

图6-86

图6-87

二、截腿摔

①格斗式准备（图略）。

②当对方使用后腿进行踢击时，双手抱住对方的进攻腿（图6-88）。

③接着迅速上步，通过旋转的方式把对手摔倒。对手倒地瞬间，再使用左拳击打对方胸部（腹部、头部）（图6-89），击打后快速收回左拳，并保持残心（图6-90）。

要点：抓抱到对方腿部后应迅速上步，并配合手部动作破坏对方支撑腿重心。

图6-88

图6-89

图6-90

三、别腿摔

①格斗式准备（图略）。

②当对方使用前手上段进行击打时，躲过对手的进攻（图6-91），用右手抓住对手衣领，同时把右脚伸到对手的腿后面（图6-92）。

③接着，右手向左用力，右腿向右后用力，破坏对手的支撑，使对手摔倒。再使用左手击打对方胸部（腹部、头部）（图6-93），击打后快速收回左拳，并保持残心（图6-94）。

要点：别腿摔时，抓抱到对方衣领时迅速上步，配合手部动作破坏对方支撑腿重心。

图6-91

图6-92

图6-93

图6-94

第四节 组手的技术训练方法

一、训练思想

组手的训练思想是组手训练过程中最重要的一个组成部分。如我们为什么要练习组手，我们练习组手应达到什么样的水平，每周的训练课时是多少，怎样的训练计划，如何在有限的时间内，既能让训练者得到身心的锻炼，又能够提高训练者的组手水平，同时在训练中，也要尽量避免唯比赛成绩的竞技体育训练思维。在训练中，以普及、打基础、提高技术为核心，是作为空手道入门者，即从白带到黑带的空手道初学者的教练或老师最应该思考的内容。

（一）厘清训练的对象

首先，我们训练的对象是大中小学的学生甚至幼儿园的小朋友，可能还有一些成人空手道爱好者，这些学生或空手道爱好者绝大部分都是空手道"小白"（即刚接触空手道，系白带，因此往往被称为"小白"）。认清这些学员的基础情况有助于我们对症下药、找准定位。其次，针对这些空手道小白设计合理的训练计划，不同的年龄阶段要区分对待。对于初中生、大学生或成人来说，我们要考虑空手道组手训练的兴趣性、健身性、实用性，因此，我们在教组手的时候要多进行一些实战对打的训练，不仅要提高其基本技术以达到强身健体的目的，还要提高其实战性以提高防身自卫能力。对于小学生，甚至幼儿园小朋友而言，我们要多以一些趣味性内容为主，同时考虑到健身性、实战性，因此，训练也要有主次。最后，对于有天赋的孩子多加关注，这些孩子有可能成为空手道组手水平提升较快的空手道选手，通过培养，有可能为市、省，甚至国家队输送竞技体育人才，为中国空手道的事业添砖加瓦。

（二）制订合理的训练计划

对教练员、体育老师、运动员或学生来说，如何科学合理地组织安排训练过程关乎训练的效果。由于空手道初学者或入门者的实际情况是对空手道的技术训练尚不足，对训练的认识尚处于空白阶段，因此，我们应根据学生的水平制订相应的训练计划，即在训练中要采用区别对待、因材施教的原则。白带应该怎么练、黄带应该怎么练，等等，根据不同的水平、不同的年龄和认知能力，选择不同的训练内容，并逐级增加内容的难度和强度，既要让练习者不断地学到新的技术，又要让他们温故而知新，不断巩固和提高技术水平，从而提高组手技术和实战能力。

（三）注重课程思政教育

空手道是一项非常重视礼仪和文化传承的体育运动项目，同时还具有爱国主义教育、意志磨炼、培养团队精神以及竞技空手道组手的"君子之拳""打到为止"等丰富的课程思政内涵。因此，在空手道训练过程中，一定要始终贯彻课程思政教育，培养学生爱国、崇德、守法、仁爱、拼搏等品质。

二、训练方法的实施方案

在组手训练中，要充分利用现有的科学训练方法，这些训练方式都是前人经过不断的探索、研究、实践并不断提高、不断升华的科学训练理论。运动训练学专家田麦久教授认为，运动成绩取决于对手在比赛中的表现、运动员在比赛中的表现以及裁判员对比赛结果的评定行为。对运动员来说，抛开裁判因素，在训练中一方面要提高运动员的竞技能力（技术能力、体能能力、战术能力、心理能力、知识能力等）和竞技状态（训练安排、生物节奏等），另一方面要提高运动员适应比赛的能力（适应对手、适应环境、适应裁判等），因此，我们制订训练方法的实施方案时要有针对性。

竞技能力是学生或运动员在训练中培养提高、在比赛中发挥或超常发挥自己的运动水平所具备的能力，包括技术能力、体能能力、战术能力、心理能力和知识能力等。

1. 技术能力训练

技术能力是运动员掌握和运用运动技术的能力。合理、有效的动作技术不仅有助于学生或运动员在技能竞赛中获胜，而且能让学生或运动员更经济、更有效地使用和发挥其体能，还能使运动员更合理、更积极地参与战术组织和实施。空手道组手中无论是用于进攻的得分技术，还是用于防守或破坏对方进攻的格挡、移动和躲闪技术，都必须做到动作熟练并逐渐达到动作自动化。在训练过程中，通过老师或教练的讲解和示范、纠正、巩固技术动作，并在一次次的重复训练和实践中达到运用自如，以提高技术运动的有效性和使用的成功率，当有效性和成功率提高了，技术能力也就提高了。

2. 体能能力训练

体能能力是学生或运动员通过力量、速度、耐力、协调、平衡、柔韧、灵敏、反应等身体素质所展现出来的人体的基本运动能力，是学生或运动员竞技能力的重要组成要素，是所有项目运动员进行专项训练和参加专项竞技必须具备的物质条件。在竞技活动中，运动员体能高低集中表现为各种组合性身体素质的发展水平。空手道运动中的组手比赛要求运动员具备高速的进攻和防守能力、灵活的移动和躲闪能力、获得腿部高分的柔韧以及完成比赛所需要的耐力等身体素质。因此，我们要分析空手道组手比赛中所需要的体能，从而有针对性地进行体能能力训练。

3. 战术能力训练

战术能力是运动员掌握和运用运动技术的能力，即把自身所具备的技术能力、体能能力、心理能力和知识能力在比赛中展现出来的能力。在规则允许的范围内，干扰或破坏对手竞技能力的发挥，在竞技结果的评定行为上施加合理的影响因素亦是战术能力的范畴。空手道比赛是依靠裁判员判定得分和犯规的，因此，如何合理利用规则干扰对方的进攻和防守能力、引导裁判做出对自己有利的判罚，将对比赛结果产生决定性作用。在战术能力训练中，强调"八种战术意识、九种战术方法"来提高运动员的战术能力。八种战术意识，即控制对手心态意识、控制对手节奏意识、佯攻意识、高分意识、调整级别意识、安全意识、边界意识以及规则意识；九种战术方法，即直攻战术方法、强攻战术方法、佯攻战术方法、迂回战术方法、制长战术方法、制短战术方法、突袭战术方法、反击战术方法和心理战术方法。

4. 心理能力训练

心理能力包括心理特征和心理过程，主要表现在运动员的训练动机、心理控制、竞争意志等方面。心理能力是所有项目运动员进行专项训练和参加专项竞技必备的自身精神条件。为了成功地参加比赛，首先必须以积极的手段激励参赛选手，有效地动员选手的生理、心理系统，使其积极参与竞技活动，同时又要把运动员的情绪水平控制在合理范围内，过与不及都不利于运动员竞技能力的发挥。良好的意志品质包括运动员自觉主动、充满激情、充满信心地参与竞技，以及在比赛中遇到困难时能够坚持不懈并顽强地、灵活地寻找竞技取胜的途径。强烈的参赛动机和良好的性格特征表现为运动员具有强烈的获胜欲望，这是运动员保持高昂而适度的参赛情绪和坚强意志的重要基础。一场比赛，尤其在对方领先的情况下，强大的心理能力是保证运动员竞技能力正常或超常发挥的制胜条件。在空手道训练中，要控制好自己的心理情绪，以达到正常发挥的心理状态，在领先、落后或者被重击、遭到裁判判罚等状态时，也要具有灵活应变的心理能力，及时调整自己的状态，积极适应瞬息万变的赛场环境。

5. 知识能力训练

知识能力是运动员具有掌握和应用科学知识、专项竞技知识的能力。科学知识包括科学的运动训练学、人体生理学、体育心理学等体育类通用知识，专项竞技知识包括专项运动的运动特点、技术特点、战术特点，以及训练知识、规则知识等。知识能力对提高训练效益、取得竞技胜利具有重要作用。在空手道运动组手项目中，不仅要向运动员传授普通的科学运动常识，而且要向运动员传授空手道专项的运动知识、裁判知识等。通过知识的学习和实践，提高运动员知识能力。既能利用现有的理论知识，又能不断更新总结新知识，形成自己独特的知识体系，是一名优秀运动员应具备的重要能力之一。

第七章 空手道比赛规则简介

第一节 组手比赛规则

一、组手比赛场地

①比赛场地是铺有经WKF认可的垫子，边长为8米（由场地外缘量起）的正方形场地，四周需增设1米的安全区。场地四周应有2米净空的安全区域。采用赛台时，每边的安全区应再增设1米。

②将距离比赛场地中心点1米处的两块垫子反转，红色一面向上，在比赛开始或再次进行时，红、蓝选手应面对面站在各自的红色垫子前沿中间的位置。

③主裁面向两位选手，站在距离两位选手之间2米的两块垫子中间。主裁可以在整个场地内移动，包括边裁所在的安全区部分。

④边裁应分别坐在场地四个角落的安全区内，并手持红、蓝旗各一面。

⑤赛事监督应坐在安全区外、主裁的左后方或右后方，并配备红色旗子或信号标识与哨子。

⑥记分监督员应坐在官方记分台后，在记分员与计时员之间。

⑦教练员应坐在各自选手方面对官方计分台一边的安全区外。当比赛在台式场地上进行时，教练员应坐在台外（下）。

⑧1米的边界区必须与场地其他铺垫区颜色不同（图7-1）。

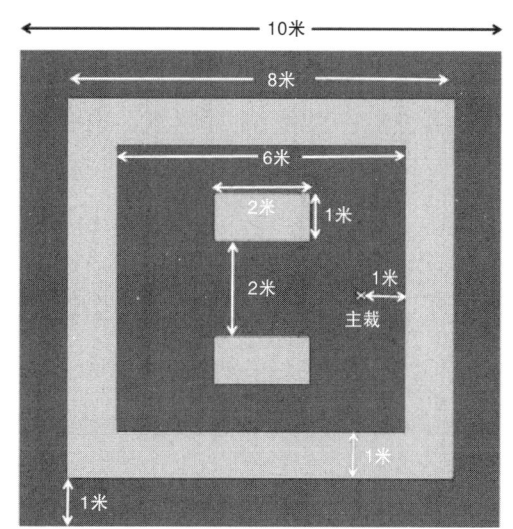

图7-1

二、正式服装

选手及教练的服装穿着，必须符合规定。任何裁判、教练或选手若未按规定穿着，裁判委员会可取消其资格。

（一）裁判着装

主裁与边裁在参加比赛、裁判说明会或讲习会期间，必须穿着由裁判委员会指定的正式制服。正式制服的要求如下：①单排扣深蓝色西装上衣（色号19-4023 TPX）。②短袖白衬衫。③正式领带，不戴领带夹。④使用一条不明显的白色挂绳黑色口哨。⑤浅灰素色长裤且裤脚不翻边。⑥素色的黑色或深蓝色袜子及在比赛场地使用的黑色套入式便鞋。⑦如果存在宗教信仰的，可以佩戴经WKF认证的，宗教规定所需佩戴的头饰（套）。⑧允许戴一个素圈婚戒。⑨女主裁或女边裁可以戴发夹、不明显的耳环。⑩在奥运会、青奥会、洲际运动会和其他综合运动会中，为了符合该赛事的外观效果和感觉，当地活动组委会会为裁判员免费提供统一款式的赛事裁判服。如果赛事的组委会向WKF提交了书面的申请，同时得到了WKF的正式许可，可以用赛事的裁判服替代规则所规定的正式裁判服。

（二）选手着装

①选手必须穿着除WKF理事会许可内容以外，纯白无条纹、无滚边和无个人刺绣（绣的名字）的空手道道服。选手必须一方系红色腰带，另一方系蓝色腰带。腰带宽度必须在5厘米左右，且在打结后，腰带两端留有长度应不少于15厘米且不超过大腿长度的四分之三。腰带必须是素色的红色和蓝色。②在系紧腰带后，道服下摆长度至少须遮盖臀部，但不得超过大腿长度的四分之三。③女性选手可以在道服里穿纯白色的T恤。道服上的系带必须系紧，不允许穿着没有系带的道服。④道服的袖子不得长过手腕，且不可以短于前臂的一半。袖子不得卷起。道服上衣的系带在回合开始时必须系紧。⑤道裤至少须覆盖小腿三分之二且长度不得超过踝骨关节，裤腿不得卷起。⑥选手头发须保持干净且其长度不至于妨碍比赛顺利进行。禁止系头带。禁止使用压发、金属发夹。运动员头发上不允许扎彩色丝带、珠串或其他装饰物。允许在单条马尾辫上使用一个或两个不明显

的橡皮筋。⑦选手可以佩戴宗教规定所需佩戴的头饰（套），但必须是经WKF认证的款式：一条纯黑色布制头巾包住头发，但不允许遮挡住喉部。⑧选手的指甲必须修短且不得佩戴任何金属饰品或可能伤害对手的物品。只有在获得主裁及大会医生的许可后，才可使用金属齿列矫正器。

⑨下列护具是必备的：1）经WKF认可的拳套，一方戴红色，一方戴蓝色。2）牙套（护齿）。3）经WKF认可的躯干护具（所有选手），女性还必须佩戴护胸。4）经WKF认可的护胫，一方戴红色，一方戴蓝色。5）经WKF认可的护足，一方戴红色，一方戴蓝色。

⑩禁止戴眼镜。可戴软性隐形眼镜，但选手必须自行负责。

⑪禁止穿戴未经认可的服饰、服装或护具。

⑫所有的护具都必须经过WKF认证。

⑬赛事监督有责任在每一场比赛前检查选手是否穿戴着经WKF认证的装备（在洲际、国际或国内的比赛中，必须接受WKF认证的装备，不可拒绝）。

⑭如因受伤而需要使用绷带、护垫或辅助性护具，必须由大会医生建议，并取得主裁的许可。

（三）教练着装

在比赛期间，教练必须始终穿着运动服，并展示他们的官方身份证明。奖牌赛中，男性教练必须身着深色西服、衬衣，并系领带。女性教练可以选择穿着深色的礼服、西服西裤，或西服外套配短裙。

三、组手比赛的组织

①组手比赛可分为团体赛和个人赛。个人赛可以根据年龄和体重来分组。按照体重级别划分后，选手两人一组以回合的方式进行比赛。回合也可以用来描述团体赛中每一对选手之间的个人比赛。

②除非有特殊的要求，比赛一般采用含复活赛的淘汰赛赛制。

③无论个人赛或团体赛，不按时进行检录者，将被判弃权（KIKEN），失去该级别的比赛资格。

④在个人赛中，抽签结束后不允许更换选手。

⑤在团体赛中，如果某回合比赛一方选手未出赛，那么另一方选手将会被判获胜，该回合比分应记录为8比0。

⑥团体赛中，各队伍中的每位队员都可以上场比赛，不设固定候补。

⑦在每轮比赛前，各队代表应将参赛队员名字和上场次序填写在大会规定的表格上，并交到官方记录台。每一轮比赛前，参赛队员的名单和次序都可以申报变更，但申报之后，到该轮比赛结束前不得再做更改。

⑧任何队员或教练在该轮比赛前未提出书面申报擅自更改出场选手名单或出场顺序，该队伍将被取消参赛资格（SHIKKAKU）。在团体赛中，当一方选手因犯规（HANSOKU）或失格（SHIKKAKU）而被判输掉某回合比赛时，这位选手在该回合所得的分数将会被清零，而对手会获得固定的8分，该回合比分将被记录为8比0。

四、裁判小组

①每场比赛的裁判小组包括一名主裁、四名边裁和一名赛事监督。

②在组手比赛中，主裁、边裁和赛事监督（KANSA）不允许与双方选手具有相同国籍，或者来自同一国家联盟。

③为了便于比赛的运作，应指派两位场地经理、一位场地经理助理、一位记分监督员、两位记分员。奥运赛事只需一位场地经理。

五、比赛时间

①成年男子和女子组手比赛每回合的时间为3分钟（团体赛和个人赛相同）；21岁以下级别的男子和女子组手比赛为每回合3分钟；青年和少年组手比赛中，男子和女子每回合的时间均为2分钟。

②每回合比赛的计时从主裁给出"开始"的信号开始，每次主裁喊"停止"时，应停止计时。

③计时员应以清晰可辨的铃声或蜂鸣器为信号表示"还有15秒"和"时间到"。"时间到"的信号标志着该回合比赛结束。

④选手在两场连续的比赛间，将被给予与常规比赛时间长短相同的一段休息时间。如果选手需要更换不同颜色的护具，这段时间将会被延长至5分钟。

六、得分

（一）得分种类和技术

1. YUKO

One point 有效（1分），任何冲拳技术施加于7个有效得分部位中的任何一个部位或任何击打技术施加于7个有效得分部位中的任何一个部位而得分。

2. WAZA-ARI

Two points 有技（2分），通过中段踢技得分，中段的定义是腹部、胸部、背部和胸腹侧面。

3. IPPON

Three points 一本（3分），通过上段踢技得分或任何一个有效的得分技术施加于被摔倒，自己滑倒或处于任何不能以双脚支撑自己平衡状况下的对手上得分。上段的定义是面部、头部和颈部。

（二）得分标准

①良好的姿态。
②竞技的态度。
③刚劲有力的技术应用。
④警戒心（残心）。
⑤好的时机把握。
⑥正确的距离。

（三）得分部位

头部、面部、颈部、腹部、胸部、背部、胸腹两侧。

七、判定胜负的标准

①率先取得8分的净胜分；
②比赛时间结束时，取得的分数高于对手；
③平分情况下以"先取"获胜；
④平分情况下裁判小组的判定结果；
⑤因对手犯规、失格、弃权（KIKEN）而获胜。
⑥在团体赛或循环赛中，当某一对选手在回合结束后，双方得分相同或都没有得分，且双方选手均没有获得"先取"优势的情况下，主裁才会宣布平局。在团体赛中，如果双方获胜回合数及总分皆相同，就需要再进行一回合附加赛来决定胜负。附加赛胜负的判定结果也将决定团体赛的最终胜负。
⑦在团体赛中，当一方队伍率先取得了足够获得比赛胜利的回合数或分数时，即可宣布为胜方。不需要继续完成未进行的回合。
⑧当出现红、蓝双方在一场比赛中同时因犯规被判取消资格的情况时，下一轮比赛的对手将会因为轮空而获胜（不需宣布比赛结果）。若这种双方均被判取消资格的情况出现在奖牌赛中，这时候将以判定来决定获胜方。除非其中一方选手拥有先取的优势。

八、禁止的行为

组手比赛中有两类犯规行为，分别为第一类犯规和第二类犯规。

（一）第一类犯规

①技术动作过度接触，即使是作用在有效的得分部位上和接触到喉部的技术动作。
②攻击手臂、腿部、裆部、关节或脚背部位。
③以开掌技术攻击面部。
④危险的或被禁止的摔技。

（二）第二类犯规

①假装受伤或夸大伤情。

②非对手原因离开比赛场地/场外（JOGAI）。

③不顾自己安危，做出可能让自己被对方击中而致伤的行为，或没有采取足够的自我保护措施/无防备（MUBOBI）。

④通过逃避比赛的方式让对手没有机会得分。

⑤消极，没有与对手交手的意图（不能在比赛还剩不到15秒时判罚）。

⑥搂抱、扭摔、推搡对手，或与对手贴胸站靠，但没有试图施展得分的技术或摔技。

⑦在截获对手施展踢技的腿后，不以施展摔技为目的的双手抓住对手。

⑧用一只手抓住对手的手臂或道服，不立即试图施展得分技术或摔技。

⑨施展无法控制的、有可能伤害到对手的和危险的、毫无节制的攻击技术。

⑩试图以头部、膝部或手肘攻击对手。

⑪与对手交谈，或挑逗对手，不服从主裁的命令，对裁判官员不礼貌，或其他有违礼节的行为。

（三）其他规定

1. 面部接触——成年组

在成年组的选手中，无伤害性地、轻微地、有节制地轻微触碰（Touch）面部、头部及颈部是被允许的（但是喉部不可以）。如果主裁认为此类触击太重，但不足以降低被攻击者获胜机会的，会给予忠告（CHUKOKU）。若同样的情况发生第二次，就可以判警告（KEIKOKU）。第三次违反应判犯规注意（HANSOKU CHUI）。第四次再犯，即使还是不足以影响被攻击者获胜的机会，进攻方仍会被判犯规（HANSOKU）而被取消资格。

2. 面部接触——青、少年组

在青、少年组比赛中，任何手部的技术动作都不允许触及头部、面部、颈部。除非是由对手的无防备（MUBOBI）造成的，任何接触，不论多么轻微都将会受到处罚。上段的踢技可以允许有轻微的触碰（Skin Touch），并得分。但是如果该踢技超过了皮肤接触的范畴，就必须处以警告或处罚，除非是由对手的无防备（MUBOBI）造成的。

九、警告和处罚

（一）忠告

忠告用于相应类别的初次犯规且程度轻微的情况。

（二）警告

警告用于相同类别第二次程度较轻的犯规，或犯规程度还不到被判"犯规注意"（HANSOKU-CHUI）的情况。

（三）犯规注意

这是取消比赛资格前的一次警告，通常情况下用于在该回合比赛中已被判过一次"警告"（KEIKOKU）的选手，但也可以直接对犯规程度严重，但还不到被判"犯规"（HANSOKU）程度者施加。

（四）犯规

这是取消比赛资格的处罚，用于非常严重的犯规或被施加者在该回合比赛中已被判处过一次"犯规注意"（HANSOKU-CHUI）的情况。在团体赛中，犯规者的得分将会被清零，而对手将会得到固定的8分。

（五）失格

这是丧失整个锦标赛，包括犯规者登记参加的所有级别的资格的处罚。如果某位选手不服从主裁命令；行为恶劣；做出有损空手道声望和荣誉的行为；或做出其他被认为有违大会规则和精神的行为，将被处以失格（SHIKKAKU）的处罚。在团体赛中，犯规者的得分将会被清零，而对手将会得到固定的8分。

为了确保每回合比赛的顺畅进行，主裁可以以手势（与平时请选手入场的手势相同）配合口令"TSUZAKETE"要求选手做出有效技术动作。也可以以手势（与平时请选手后退的手势相同）配合口令"WAKARATE"要求选手从贴靠状态分开，分开后再以手势配合口令"TSUZAKETE"继续比赛。使用这两种口令时都不需要停表。这种操作方法不取代对于明显犯规情况，或选手对口令不立即做出反应时应给予的警告判罚。

十、比赛中受伤情况和意外事件

①当有选手在比赛检录时不到场，或没有能力继续参赛、放弃比赛，或因主裁的命令而退赛时，裁判应判处该选手弃权（KIKEN）。放弃比赛的原因可能包括非对手行为而产生的伤害。因弃权（KIKEN）而失去比赛资格，意味着该选手失去了参加这一级别比赛的资格，但不影响该选手参加另一级别的比赛。

②如果两名选手同时受伤或旧伤复发，且由大会医生宣布无法继续比赛时，则以当时累积分数较高方获胜。如果双方比分相同，在个人赛中，如果没有任何一方选手获得"先取（SENSHU）"优势，则由裁判以判定（HANTEI）的方式决定胜负。在团体赛时，如果没有任何一方选手获得"先取（SENSHU）"优势，主裁将宣布双方平手（HIKIWAKA）。如果这种情况发生在团体赛的附加赛时，且没有任何一方选手获得"先取（SENSHU）"优势，则以判定（HANTEI）来决定胜负。

③经由大会医生确定为受伤且不适合继续参赛的选手，不得继续参加该次大会该项目的比赛。

④某位选手因对手犯规而受伤，且对手因此被取消资格而获胜，如无大会医生的许可，该选手不得继续参加该项目的比赛。

⑤当有选手受伤时，主裁应立即叫停比赛召唤大会医生。医生只有权对伤情进行诊断和处理。

⑥在比赛过程中受伤且需要治疗的选手会被给予3分钟的时间接受治疗。如果治疗无法在给予的时间内完成，主裁则需要决定是否要宣布此选手不适合继续比赛或再延长治疗时间。

⑦任何选手跌倒、被摔倒或被击倒，在10秒内无法自己以双脚站立时，就被定义为不适合继续参加比赛，将自动丧失参加该次锦标赛所有组手项目的资格。当出现选手跌倒、被摔倒或被击倒而不能立刻站起来的情况时，主裁应召唤大会医生，同时以英语开始10秒的读秒，并以每秒举起一根手指的手势计数示意。一旦出现有选手被10秒计时的情况，在比赛继续进行前，大会医生都应对该选手进行检查。在10秒规则所规定的情况下，大会医生可以在场地中对选手做检查。

第二节 型比赛规则

一、型的比赛场地

①比赛场地是铺有经WKF认可的垫子,边长为8米(由场地外缘量起)的正方形场地,四周需增设有1米的安全区。场地四周应有2米净空的安全区域。采用赛台时,每边的安全区应再增设1米。

②除8米×8米场地外缘一圈的垫子必须是不同颜色外,其他部分必须为同一颜色。

③边裁和软件技术员应面对选手,并排坐在场地垫子边的一张桌子前。软件技术员应坐在桌子最远端,主裁(一号边裁)坐在他身旁(图7-2)。

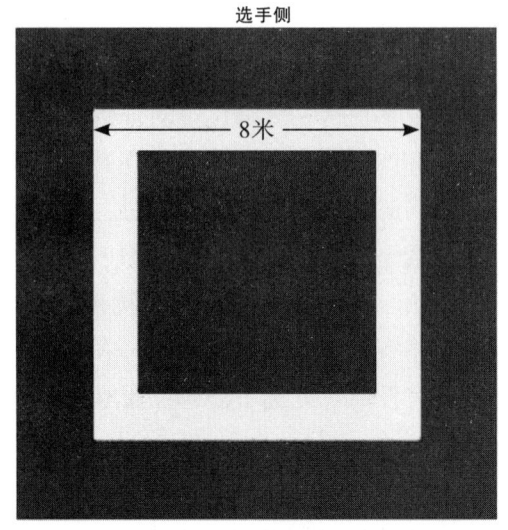

图7-2

二、正式服装

①裁判、选手及教练,必须依照规定穿着相应服装,具体规定与组手相同,此处略。

②任何裁判或选手若未按规定穿着,裁判委员会可取消其资格。

三、裁判小组

①在所有WKF正式比赛中,每一轮比赛裁判小组的7位成员将由电脑系统随机指派。

②在奖牌赛中,裁判小组中不允许有和选手相同国籍的裁判。

③每一块场地都需指定一名裁判员为主裁。主裁应负责与软件技术人员进行任何必要的交流,并处理裁判员之间的任何意外问题。

四、评判的标准

（一）正式型列表

只允许演练正式型列表中所规定的型。

（二）评分

在对某一选手或队伍型的演练进行评判时，裁判应根据两项重要的评判标准——技术能力和运动能力的表现进行评判。型的评判从型演练前的鞠躬开始，到演练后的鞠躬结束。团体型的奖牌赛中，对演练的评判和计时则从型演练前的鞠躬开始，到分解演练结束后的鞠躬结束。允许选手根据各自流派的传授，对型有轻微的变更。选手在每一轮比赛中必须演练不同的型。即使在加赛中，型一旦被演练，该型将不允许被重复。只允许演练正式型列表中所列出的型。

（三）评分系统

技术能力和运动能力的表现将被分别打分，打分范围均为5.0～10.0，并以0.2为单位递增。其中，5.0代表完成演练后可获得的最低分数，10.0代表一个完美的表现。如被取消比赛资格则得分为0.0。系统将分别去除技术能力和运动能力表现得分中的两个最高分和两个最低分，并计算总分。技术能力的表现得分占总分的70%，运动能力的表现得分占总分的30%。型的分解和型本身同样重要。

（四）解决平局

当选手出现得分相同的情况时，电子打分系统将根据程序设置自动解决。

（五）评判标准

型的演练（分解的演练）。

1. 技术能力的表现

①步法；②技法；③转换的动作；④时机（的把握）；⑤正确的呼吸；⑥专注

力；⑦一致性：在型的演练中展示出来的基本功与流派一致。

2. 运动能力的表现

①力量；②速度；③平衡。

（六）取消资格

某一选手或队伍可以因以下任何原因被取消比赛资格。
①演练错误的型或宣告错误的型名。
②没有在型的演练前或演练后行鞠躬礼。
③在演练过程中出现明显的犹豫或停顿。
④干扰裁判的工作（如因安全因素而使裁判员需要移动，或与裁判员有身体的接触）。
⑤在型的演练过程中，腰带脱落。
⑥型和分解的总演练时间超过了5分钟的时限。
⑦在型分解的演练中施展以剪刀腿夹住颈部的摔技（上段蟹挟 Jodan Kani Basami）。
⑧不遵从主裁的指示或其他不当行为。

（七）犯规行为（失误）

如果出现以下犯规行为，评判时必须考虑在内。
①稍有失去平衡。
②某个动作演示的方式不正确或不完整，如格挡动作没有完全施展，或拳未击打在目标上。
③动作不同步，如在身体的转换完成前施展一个技术动作，或在团体型演练中，某一动作未能同步完成。
④采用声音（从其他任何人处，包括队伍的其他成员）或动作行为的提示，如顿足，拍打胸部、手臂或空手道服，和不适当的吐息。在裁判对型的演练进行评判时，这必须认定为非常严重的犯规行为，可以等同于暂时失去平衡的判罚。
⑤在演练过程中，腰带松开接近脱落。
⑥浪费时间，包括长时间的入场，过度的鞠躬，或开始演练前长时间的停顿。
⑦在分解的演示过程中，因缺乏控制的技术而造成受伤。

五、比赛的运作

①每块比赛场地应分配一组8名（或12名的上限）选手或团体。

②每一轮比赛开始前，参赛选手或团体应向指定的跑单员提交自己选择演练的型名，记录辅助人员会将信息转交给电子评判系统的软件操作员。除了在第一轮淘汰赛中可能出现的任何种子选手以外，每组的上场顺序都是随机确定的。

③在每一轮次比赛开始前，所有参赛选手或团体，应列队面向裁判并排站在赛场地边缘（一轮次比赛是指一组里所有选手都进行一套型的演练）。首先应"正面行礼（SHOMEN NI REI）"，然后应"相互行礼（OTAGAI NI REI）"。在行鞠躬礼后，所有选手退出比赛场地。

④当被召唤时，每一名选手或团体，应进入比赛场地，到型演练的起始位置。

⑤型演练的起始位置可以是比赛场地内的任何地方。

⑥在行礼后，选手必须清楚地宣告他将要演练的型名，然后开始演练。

⑦在演练完毕后，即型演练结束并完成最后一个鞠躬礼之后，选手必须原地等待宣布得分，之后再行鞠躬礼并退出比赛场地。

⑧每组比赛结束后，该组的所有参赛选手将列队站成一排，操作员（宣告员）将宣布进入下一轮的前四名。这四名选手的名字将显示在显示屏上。所有选手再行鞠躬礼并退场。

⑨在奖牌赛前，操作员将宣布最后两组中每组前三名的选手进入奖牌赛。

六、世界空手道联盟官方型列表

表7-1 世界空手道联盟官方型列表

1	Anan	安南	9	Chibana No Kushanku	知花公相君
2	Anan Dai	安南大	10	Chinte	珍手
3	Ananko	安南公	11	Chinto	镇东
4	Aoyagi	青柳	12	Enpi	燕飞
5	Bassai	拔塞	13	Fukyugata Ichi	普及型1
6	Bassai Dai	拔塞大	14	Fukyugata Ni	普及型2
7	Bassai Sho	拔塞小	15	Gankaku	岩鹤
8	Chatanyara Kushanku	北谷屋良公相君	16	Garyu	卧龙

（续表）

17	Gekisai（Geksai）1	击碎1	48	Kusanku	公相君
18	Gekisai（Geksai）2	击碎2	49	Kyan No Chinto	喜屋武镇东
19	Gojushiho	五十四步	50	Kyan No Wanshu	喜屋武汪辑
20	Gojushiho Dai	五十四步大	51	Matsukaze	松风
21	Gojushiho Sho	五十四步小	52	Matsumura Bassai	松村拔塞
22	Hakucho	白鸟	53	Matsumura Rohai	松村鹭牌
23	Hangetsu	半月	54	Meikyo	明镜
24	Haufa（Haffa）	白鹤	55	Myojo	明净
25	Heian Shodan	平安初段	56	Naifanchin Shodan	内步进初段
26	Heian Nidan	平安二段	57	Naifanchin Nidan	内步进二段
27	Heian Sandan	平安三段	58	Naifanchin Sandan	内步进三段
28	Heian Yondan	平安四段	59	Naihanchi	内八字
29	Heian Godan	平安五段	60	Nijushiho	二十四步
30	Heiku	黑虎	61	Nipaipo	二十八步
31	Ishimine Bassai	石岭拔塞	62	Niseishi	二十四
32	Itosu Rohai Shodan	糸洲鹭牌初段	63	Ohan	敖汉
33	Itosu Rohai Nidan	糸洲鹭牌二段	64	Ohan Dai	敖汉大
34	Itosu Rohai Sandan	糸洲鹭牌三段	65	Oyadomari No Passai	亲泊拔塞
35	Jiin	慈阴	66	Pachu	巴球
36	Jion	慈恩	67	Paiku	白虎
37	Jitte	十手	68	Papuren	八步连
38	Juroku	十六手	69	Passai	拔塞
39	Kanchin	完战	70	Pinan Shodan	平安初段
40	Kanku Dai	观空大	71	Pinan Nidan	平安二段
41	Kanku Sho	观空小	72	Pinan Sandan	平安三段
42	Kanshu	完周	73	Pinan Yondan	平安四段
43	Kishimoto No Kushanku	岸本公相君	74	Pinan Godan	平安五段
44	Kousoukun	公相君	75	Rohai	鹭牌
45	Kousoukun Dai	公相君大	76	Saifa	碎破
46	Kousoukun Sho	公相君小	77	Sanchin	三战
47	Kururunfa	久留顿破	78	Sansai	三才

（续表）

79	Sanseiru	三十六	91	Sochin	壮镇
80	Sanseru	三十六	92	Suparinpei	一百零八
81	Seichin	十战	93	Tekki Shodan	铁骑初段
82	Seienchin（Seiyunchin）	征远镇	94	Tekki Nidan	铁骑二段
83	Seipai	十八	95	Tekki Sandan	铁骑三段
84	Seiryu	十六	96	Tensho	转掌
85	Seishan	十三	97	Tomari Bassai	泊手拔塞
86	Seisan（Sesan）	十三	98	Unshu	云手
87	Shiho Kousoukun	四方公相君	99	Unsu	云手
88	Shinpa	心波	100	Useishi	五十四
89	Shinsei	新生	101	Wankan	王冠
90	Shisochin	四向战	102	Wanshu	汪辑

第三节　口令、手势与旗语

一、主裁的口令和手势

1. SHOMEN-NI-REI 向正面行礼

主裁手臂伸直将手掌向前推出（图7-3）。

图7-3

2. OTAGAI-NI-REI 相互行礼

主裁喊出口令，同时将手掌由两侧向内下压至胸前，示意选手相互行礼（图7-4）。

3. YAME 停止

停止是中止比赛或比赛结束，在主裁喊出口令的同时，用手做出向下切的动作（图7-5）。

图7-4

图7-5

4. TSUZUKETE HAJIME 比赛继续开始

"继续—开始"，主裁以弓步站立，手掌分别朝向双方选手并伸直手臂，同时喊出"（TSUZUKETEO）"，在喊出"（HAJIME）"时，快速转手掌使其相对并合拢，同时向后退步。这个相同手势和口令"（TSUZUKETE）"一起使用，也适用于执裁过程中非正式的要求选手做动作（图7-6、图7-7）。

图7-6

图7-7

5. YUKO（One point）有效（一分）

主裁将代表得分一方的手臂经胸口斜下方45°伸直，并宣告红方（蓝方）得一分（图7-8、图7-9）。

图7-8　　　　　　　　图7-9

6. WAZA-ARI（Two Points）有技（两分）

主裁将代表得分一方的手臂经胸口向侧以肩膀高度伸直，并宣告红方（蓝方）得两分（图7-10、图7-11）。

图7-10　　　　　　　　图7-11

7. IPPON（Three Points）一本（三分）

主裁将代表得分一方的手臂经腹部向侧上 45° 伸直，并宣告红方（蓝方）得三分（图7-12、图7-13）。

图7-12　　　　　　　　　　　图7-13

8. TORIMASEN/CANCEL DECISION 取消判决

当得分或处罚出现错判时，主裁转身面向选手，喊出"AKA"或"AO"，然后双臂交叉，手掌向下做出分开的动作，示意取消上次的判决（图7-14、图7-15）。

图7-14　　　　　　　　　　　图7-15

9. SENSHU（First unopposed score）先取（先得分优势）

主裁手掌朝面部弯曲手臂，面向相应选手示意首先得分优势并喊出"AKA（或AO）SENSHU"（图7-16）。

图7-16

10. NO KACHI（Win）获胜

在比赛或回合赛结束时，主裁宣布"AKA（或AO）NO KACHI"。并将代表获胜方的手臂经腹部向侧上方45°伸直（图7-17、图7-18）。

图7-17　　　　　　　　图7-18

11. KIKEN 弃权

主裁以食指指向弃权选手的开始线，同时喊出"AKA（或AO）KIKEN"的口令，然后宣布对手获胜（图7-19）。

图7-19

12. SHIKKAKU 失格

失格是"丧失资格，强制退场"的意思。主裁首先以食指指向犯规方，并向斜上45°伸出，然后再向外向后方挥动，同时喊出"AKA（AO）SHIKKAKU"！随后宣布对手获胜（图7-20～图7-22）。

图7-20

图7-21

图7-22

13. HIKIWAKE 平手

"平手"仅应用于团体赛和循环赛中,当比赛时间结束,双方得分相同,或者没有得分时,主裁双臂交叉于胸前,然后分开伸直,手掌向前,同时喊出"HIKIWAKE"的口令(图7-23、图7-24)。

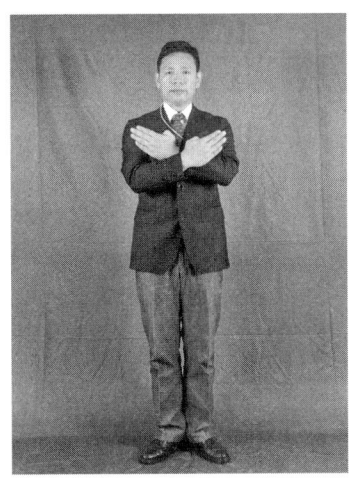

图7-23　　　　　　　　　图7-24

14. WAKARETE 分开

主裁以手势要求选手从贴胸站靠的状态分开(与平时请选手回到起始线后的手势相同),同时喊出"WAKARETE"口令(图7-25、图7-26)。

图7-25　　　　　　　　　图7-26

15. CATEGORY 1 OFFENCE 第一类犯规

主裁两手张开，以手腕边缘交叉在胸前高度（在用于CHUKOKU的时候，不需要再使用其他手势）（图7-27）。

图7-27

16. CATEGORY 2 OFFENCE 第二类犯规

主裁弯曲手臂并以食指指向犯规者的面部（在用于CHUKOKU的时候，不需要再使用其他手势）（图7-28）。

图7-28

17. KEIKOKU 警告

"口头警告"，主裁示意第一类或第二类犯规，然后以食指向斜下方45°指向犯规方的脚部（图7-29）。

图7-29

18. HANSOKU CHUI 犯规注意

"取消资格前的警告",主裁示意第一类或第二类犯规,然后以食指水平指向犯规方的腹部或胸口(图7-30)。

图7-30

19. HANSOKU 犯规

"取消资格",主裁示意第一类或第二类犯规,然后以食指向斜上方45°指向犯规方的脸部,随后宣判对手获胜(图7-31)。

图7-31

20. PASSIVITY 消极

主裁双手握拳在胸前相互绕圈,以示意有第二类犯规的行为出现(图7-32)。

图7-32

21. EXCESSIVE CONTACT 过度接触

主裁向边裁示意有过度接触或其他第一类犯规的行为出现（图7-33）。

图7-33

22. EXAGGERATING INJURY 夸大受伤

主裁将双手放在脸部以示意边裁有第二类犯规的行为出现（图7-34）。

图7-34

23. FEIGNING INJURY 假装受伤

主裁举起双手放在脸部旁边以示意边裁有第二类犯规的行为出现（图7-35）。

图7-35

24. JOGAI 场外

"离开比赛场地",主裁以食指指向犯规方的边界,示意边裁有出界的行为出现(图7-36)。

图7-36

25. MUBOBI(Self Endangerment)无防备(不顾自身安全)

主裁先以手掌轻触自己的脸部,然后在脸前左右移动,示意边裁,该选手有不顾自身安全的行为(图7-37、图7-38)。

图7-37

图7-38

26. AVOIDING COMBAT 逃避战斗

主裁以食指朝下做划圈的动作，示意边裁有第二类犯规的行为出现（图7-39）。

图7-39

27. PUSHING, GRABING OR STANDING CHEST TO CHEST WITHOUT ATTEMPTING AN IMMEDIATE TECHNIQUE OR TAKEDOWN 推搡、抓，或以胸贴胸的方式站靠，且不立即试图施展技术动作或摔技

主裁握住双拳并放在肩膀高度，或张开双掌做出推的动作，以示意边裁有第二类犯规的行为出现（图7-40、图7-41）。

图7-40　　　　　图7-41

28. DANGEROUS AND UNCONTROLLED ATTACKS 危险性和没有控制的攻击

主裁以握拳的手从头一边的侧面滑过，示意边裁有第二类犯规的行为出现（图7-42）。

图7-42

29. 不礼貌行为

不礼貌的言语及不恰当的带有挑衅性的语言或动作。主裁将食指伸出放在嘴前，朝向犯规方，示意有二类犯规的出现（图7-43）。

图7-43

30. SIMULATED ATTACKS WITH THE HEAD KNEES OR ELBOWS 试图以头部，膝盖或手肘攻击

主裁以张开的手掌轻触额头，膝盖或手肘，以示意边裁有第二类犯规的行为出现（图7-44～图7-46）。

图7-44　　　　　　　　图7-45　　　　　　　　图7-46

31. SHUGO 召集

"召集边裁"，主裁在比赛结束时，或建议对某位选手进行"SHIKKAKU（失格）"处罚时，召集边裁。手心向下向前伸出，经屈肘后拉，使掌心向后（图7-47、图7-48）。

图7-47　　　　　　　　图7-48

二、边裁旗语

边裁旗语主要由得分、犯规组成。

（一）得分的旗语

①1分（图7-49）。
②2分（图7-50）。
③3分（图7-51）。

图7-49

图7-50

图7-51

（二）犯规的旗语

①一类犯规（图7-52）。
②二类犯规（图7-53）。
③忠告（图7-54）。
④警告（图7-55）。
⑤犯规注意（图7-56）。

图7-52

图7-53

图7-54

图7-55

图7-56

⑥犯规（图7-57）。

⑦失格（图7-58）。

图7-57

图7-58

（三）裁判坐姿、出界及监察用旗

1. 裁判坐姿

裁判正坐在凳子上，双手各执红、蓝裁判旗一面（图7-59）。

图7-59

2. 出界

当有选手出界时，边裁敲击地面边做出一个二类犯规的旗语提示主裁（图7-60）。

图7-60

3. 监察用旗

当场上有需要暂停或停止比赛等情况发生时，监察吹口哨并摇动手里的红旗示意主裁暂停或停止比赛（图7-61）。

图7-61

后 记

参与本书图片示范或录像示范的主要人员如下：

马俊成 浙江音乐学院副教授，硕士。中国武术五段、空手道黑带五段、空手道国家A级裁判、空手道段位考官、浙江省空手道协会副会长。2020年担任浙江省空手道锦标赛裁判长，2019年担任全国空手道俱乐部联赛（浙江站）裁判长，2018年担任浙江省省运会空手道比赛裁判长。多次担任全国空手道赛事的裁判员并多次获得优秀裁判员称号。曾获得浙江省优秀社团指导老师、校级教坛新秀、杭州市优秀体育教师等称号。主持并完成国家体育总局武术研究院课题2项、浙江省社科联课题1项，参与课题多项。主持省级一流课程建设1项，在国内核心期刊等发表论文近20篇，参编教材3部。所带学生获得全国及省比赛前三名数十人次。

王佳乐 男，出生于2000年3月。自幼习武，空手道黑带三段、空手道国家一级裁判员。主要荣誉或裁判经历：2017年上海市空手道俱乐部比赛男子-76公斤级亚军、个人型亚军；2017年安徽省首届空手道锦标赛男子乙组个人型冠军、个人组手亚军；2017年全国竞技空手道俱乐部争霸赛总决赛男子青年组个人型第三名、个人组手第三名；2018年杭州市空手道比赛个人组手冠军；2018—2021年多次在省市比赛中获得优秀裁判员称号。

程诺 男，出生于2001年11月。自幼习武，空手道黑带三段、空手道国家一级裁判员。个人荣誉：2017年上海市空手道俱乐部比赛男子-76公斤级亚军、个人型亚军；2017年安徽省首届空手道锦标赛男子乙组-76公斤级个人组手冠军；2017年全国竞技空手道俱乐部争霸赛总决赛男子青年组个人型第三名、个人组手第三名；2021年获得全国狮魂空手道比赛男子成人组亚军；2018—2021年多次获得杭州市空手道比赛优秀教练员、裁判员称号。

韩雯 女，出生于2004年10月。自幼习武、空手道黑带一段。个人荣誉：2019年全国空手道俱乐部联赛（浙江站）女子14~15岁组个人组手+54公斤级季军、女子14~15岁组团体组手亚军、女子14~15岁组个人型冠军；2019年"共和国70周年杯"杭州市第三届空手道公开赛女子少年组个人组手-49公斤级亚军；2019年全国空手道俱乐部争霸赛总决赛14~15岁组个人型亚军、组手季军；2021年浙江省首届空手道联赛女子青年16~17岁组个人组手+59公斤级冠军、女子青年16~17岁组个人型冠军；2021年安徽省青少年空手道省锦标赛女子青年16~17岁组个人型第五名、16~17岁组团体组手亚军；2022年安徽省第十五届运动会空手道比赛女子甲组个人型冠军。

后　记

蒙冰倩　女，出生于2005年2月。自幼习练空手道、空手道黑带一段。个人荣誉：2013年上海市空手道锦标赛女子儿童丁组个人组手冠军；2015年全国空手道俱乐部争霸赛女子儿童10～11岁组个人中级型季军、女子儿童-31公斤级个人组手季军；2017年全国空手道俱乐部争霸赛总决赛女子儿童12～13岁组个人型冠军、个人组手季军；2019年中国中学生空手道联赛（浙江站）暨第十三回狮魂全国空手道公开赛女子乙组个人组手+50公斤级季军、女子乙组个人型季军；2020年浙江省青少年空手道锦标赛女子乙组个人型季军；2020年杭州市阳光体育空手道锦标赛女子甲组个人组手-52公斤级季军、女子甲组个人型季军；2021年杭州市第二十届运动会空手道比赛女子甲组个人型冠军。

马兮子涵　女，出生于2009年11月。杭州文海实验学校学生，自幼习练空手道，空手道黑带一段。个人荣誉：2014年上海市空手道锦标赛儿童女子5～6岁组个人型季军、个人组手-22公斤级季军；2018年杭州市首届空手道邀请赛女子儿童9岁-26公斤级个人组手冠军、女子儿童8～9岁中级组个人型季军、女子儿童团体组手亚军；2018年杭州市第十三届传统武术邀请赛少儿A组兵器格斗冠军；2019年全国空手道俱乐部道馆联赛女子9～11岁团体组手第三名；2019年杭州市中小学生阳光体育空手道锦标赛乙组女子个人型第四名、乙组女子团体型第三名；2019年杭州市第二届空手道邀请赛女子儿童10岁组低级位组个人型亚军；2019年11月"共和国70周年杯"杭州市第三届空手道公开赛女

子儿童组-31公斤级季军、女子儿童10～11岁组个人型冠军、儿童女子组10～11岁团体型亚军；2020年杭州市阳光体育空手道锦标赛女子丙组个人型第一名；2020年第二届"少年英雄"全国空手道线上型公开赛竞技11～12岁组个人型二等奖；2020年第三届杭州市大众空手道比赛女子儿童11～13岁高级组个人型第一名、女子儿童

11~13岁团体型第一名、女子儿童11岁-39公斤级个人组手第一名；2020年杭州市第四届空手道公开赛女子儿童11岁高级组个人型第二名、女子儿童11~12岁组个人组手+35公斤级第三名；2021年第十四回极真狮魂全国空手道大会女子少年组个人型第一名；2021年杭州市第二十届运动会空手道比赛女子丙组个人型第一名、女子丙组团体型第一名；2021年第三届"少年英雄"全国空手道线上型赛公开赛11~12岁团体型二等奖。

魏铭标，男，出生于1996年11月。自幼习武，毕业于塔沟武校，武术三段（长拳、二节棍）、空手道黑带三段、国家一级裁判员。2018—2021年多次参加省市空手道教练员裁判员培训班并多次担任市级空手道比赛裁判工作。个人荣誉：内蒙古自由搏击争霸赛62公斤级冠军、内蒙古自由搏击争霸赛65公斤级冠军、昆仑决城市英雄60公斤级超级战冠军；2017年贵州都匀全国全接触空手道精英挑战赛个人组手第二名；2018年全国全接触空手道比赛男子高级组个人型第三名；2019年杭州市空手道邀请赛男子成年高级组个人型冠军；2019年第十三回全国狮魂空手道公开赛男子成年高级组个人型冠军；2019年全国空手道俱乐部联赛（浙江站）男子成年高级组个人型冠军；2018、2020年杭州市空手道比赛优秀裁判员；2021年全国狮魂空手道比赛男子成年组冠军。

参考文献

[1] 陈新富. 空手道进入普通高校的可行性研究[J]. 搏击·武术科学, 2010 (11): 62-64.

[2] 中国空手道协会安徽团队. 体育空手道[M]. 合肥: 合肥工业大学出版社, 2012: 2-22.

[3] 汤文俭, 袁镇澜. 日本空手道发展之路[J]. 体育文化导刊, 2008 (7): 113-115.

[4] 周永盛, 郑旭旭, 等. 组手与形: 空手道竞赛方式的演变——体育文化流变的考察之四[J]. 体育科学研究, 2017 (3): 1-10.

[5] 董刚. 浅析空手道组手技术动作特征[J]. 搏击·武术科学, 2015 (12): 63-64.

[6] 王勇. 日本文化大讲堂——武道[M]. 上海: 上海辞书出版社, 2007: 161-162.

[7] 汤文俭, 袁镇澜. 日本空手道发展之路[J]. 体育文化导刊, 2008 (7): 113-115.

[8] 高楚兰, 郑旭旭, 等. 从福建南拳到琉球唐手——体育文化流变的考察之二[J]. 体育科学研究, 2017 (1): 1-11.

[9] 郑旭旭, 袁镇澜. 溯源逐流: 从福建拳法到空手道[M]. 厦门: 厦门大学出版社, 2019: 43-44, 113-116.

[10] 徐勇, 汤重南. 琉球史论[M]. 北京: 中华书局, 2016: 26-56.

[11] 赖正维. 东海海域移民与汉文化的传播: 以琉球闽人三十六姓为中心[M]. 北京: 社会科学文献出版社, 2016: 3-11.

[12] 林建华. 福建武术史[M]. 厦门: 厦门大学出版社, 2013: 265-266.

[13] 徐海涛. 永春白鹤拳的传播衍变研究[D]. 福建: 福建师范大学, 2010: 18.

[14] 许声宏. 空手道[M]. 北京: 北京体育大学出版社, 2010: 3-8.

［15］高宫城繁，新里胜彦，仲本政博.冲绳空手道古武道事典［M］.东京：柏书房株式会社，2008：161，164-165，170-171，399-401，389，429-430，434-435.

［16］张宏春，陈卓.空手道在中国的传播及发展现状［J］.军事体育进修学院学报，2008（1）：78-80.

［17］2020年东京奥运会空手道比赛［EB/OL］.［2021-08-08］.https://baike.sogou.com/v207090183.htm?fromTitle.

［18］中国空手道协会.中国空手道协会文件汇总［G］.北京：中国空手道协会自印文件汇编，2017：12-30.

［19］田麦久，刘大庆.运动训练学［M］.北京：人民体育出版社，2012：30-33.